百家漫地翻天人

中国石油工业八十年礼赞

唐廷川 张景然 秦伟／编

中共中央党校出版社
The Central Party School Publishing House

图书在版编目（CIP）数据

百万覆地翻天人：中国石油工业八十年礼赞/唐廷川，张景然，秦伟编．--北京：中共中央党校出版社，2019.8

ISBN 978-7-5035-6620-2

Ⅰ.①百… Ⅱ.①唐… ②张… ③秦… Ⅲ.①石油工工-工业史-中国 Ⅳ.①F426.22

中国版本图书馆 CIP 数据核字（2019）第 155662 号

百万覆地翻天人——中国石油工业八十年礼赞

责任编辑	任丽娜　牛琴琴
版式设计	苏彩红
责任印制	陈梦楠
责任校对	李素英
出版发行	中共中央党校出版社
地　　址	北京市海淀区长春桥路 6 号
电　　话	（010）68929580（办公室）　（010）68929899（发行部） （010）68922815（总编室）　（010）68929342（网络销售）
传　　真	（010）68922814
经　　销	全国新华书店
印　　刷	中煤（北京）印务有限公司
开　　本	700 毫米×1000 毫米　1/16
字　　数	129 千字
印　　张	13.5
版　　次	2019 年 8 月第 1 版　2019 年 8 月第 1 次印刷
定　　价	48.00 元

网　　址： www.dxcbs.net　**邮　　箱：** zydxcbs2018@163.com

微 信 ID：中共中央党校出版社　**新浪微博：** @党校出版社

一部艰难创业史
百万覆地翻天人

——胡耀邦

序

石油是工业的血液，是国家经济的命脉，是工业现代化的重要物质基础。在人类社会发展的历史长河中，石油是推动人类进步、社会发展和经济繁荣的主要动力。

新中国的石油工业几乎从零起步，现在已经建成具有较强国际竞争力的完整的石油工业体系。2018 年我国原油产量 1.89 亿吨、居世界第 4 位，天然气产量 1610 亿立方米、居世界第 6 位，原油加工量突破 6 亿吨、居世界第 2 位。这些辉煌成就，是中国石油人在充满悲壮与艰辛、光荣与梦想的上下求索中，展开一场又一场艰苦卓绝、气势恢宏、波澜壮阔的石油大会战铸就的。是石油人摘掉了中国“贫油国”的帽子，是石油人在“文化大革命”期间为保持国民经济运行发挥了不可替代的重要作用，是石油人担当了维护国家能源安全的责任和使命。中国石油人为民族复兴作出的贡献，彪炳史册。

时光虽在流逝，历史不能忘记。发现于 1939 年的玉门油田，被誉为“中国石油工业的摇篮”。在玉门，诞生了中华人民共和国第一口油井、第一个油田、第一个石化基地。

自1957年12月中华人民共和国宣布第一个石油工业基地在玉门建成以来，玉门油田便作为中国石油工业的大学校、大试验场、大研究所，担负起“出产品、出人才、出经验、出技术”的历史重任，为中国石油工业的发展作出了重大贡献。玉门创造的“玉门人”“玉门风格”“老君庙”“石油沟”等诸多石油术语，代表着中国石油工业的缩影载入史册。

历史的辉煌，总是令人在回眸中点赞景仰。未来的征程，总是在时代召唤中砥砺前行。中国特色社会主义已经进入新时代。我们寄望也坚信新一代石油人，一定能够继承和弘扬以“苦干实干”“三老四严”为核心的石油精神，进一步凝聚干事创业的胆识和力量，更好地肩负起保障国家能源安全的责任使命，奋力开创新时代我国石油工业高质量发展的新局面，为建设具有全球竞争力的世界一流石油企业作出新贡献。

何毅亭

中共中央党校（国家行政学院）

分管日常工作的副校（院）长

2019年7月31日

辉煌的过去彪炳史册
展望未来任重道远

“富国强邦”是中华民族几代人的追求。近百年来，多少仁人志士前赴后继，奋勇献身，用热血和生命描绘着伟大的中国梦!

“富国强邦”离不开能源，离不开石油。今天，在玉门油田开发八十周年之际，我们深深缅怀那些爱国志士、科技工作者、勘探队员和石油职工，他们是中国石油的骄傲，是永远值得人们尊敬的英雄。

在民族生死存亡的危急关头，玉门油田的投产，给全民族抗战提供了支持和鼓舞。

在解放大西北的进军中，玉门石油职工作出了积极贡献。

当中华人民共和国开始大规模经济建设时，石油职工在苏联专家帮助下，开发了克拉玛依等一系列油田。

在国际反华势力鼓噪声中，石油人历尽艰辛，以革命加拼命的气势，开发了大庆油田，摘掉了贫油帽子，让全中国人民挺起了脊梁。

当十年动乱时，国民经济濒临崩溃，石油人顶住“四人帮”的干扰高压，在周恩来、李先念等中央领导同志的指导下，力争高产，为保持国民经济的运行发挥了重要作用。

在改革开放之初，石油工业率先实行“一亿吨”大包干，积极创汇，为经济腾飞作出贡献。

在社会主义建设新时期，石油需求大量增加，石油人以饱满的政治热情，在国内大力勘探开发的同时，积极响应和实施国家“一带一路”建设，大力开拓海外业务，而且还努力攻克非常规油气开发难关，发展新能源业务，为国家能源安全提供坚强保障。

八十年来，中国石油工业经历了艰难曲折的发展过程，也积累了宝贵精神财富。玉门精神、大庆精神、石油精神，红色基因由一代代石油人薪火相传，不断续写更大辉煌！

以往的非凡业绩，彪炳史册！未来的任务更加艰巨，等待石油人继续奋力拼搏，夺取新的胜利！

中共中央组织部原常务副部长、

原石油工业部副部长

2019 年 5 月 1 日

目 录

CONTENTS

CONTENTS

一九三八年岁末。

隆冬的祁连山，朔风凛冽，雪拥惊沙，在古丝绸之路上，一支驼队匆匆走来。从此，中国石油工业展开了波澜壮阔的历史画卷。

一 玉门圣地　石油摇篮

20 世纪 20 年代以来，先后有许多中外地质家对玉门进行考察，一致认为玉门石油资源具有开采价值。1921 年，原国民政府中央地质调查所技正谢家荣对玉门实地考察后认为，石油河一带为背斜构造，石油储、盖条件较好。1928 年地质学家张人鉴也认为玉门石油河存在储油背斜。由于地处偏远，交通不便，开发投资大，不可能获得丰厚利润，因而始终未能付诸实施。

1935 年，由著名外交家顾维钧和一批富豪组建的“中国煤油探矿公司”，从国民政府实业部取得在甘肃、青海、新疆 3 省开采石油的特许权，并于 1937 年派出由美国地质家马文·韦勒、弗雷德·萨顿和中国地质家孙健初组成的“试探队”，在对包括玉门在内的甘、青地区进行考察后，于1938年2月提出一份《中国西北甘肃青海两省地质考察报告》，其中对玉门石油河构造评价甚为明确：“目前已可断言，石油即将出现于甘肃之西北部，石油河背斜为一储油构造，如具备良好条件，可望获致极佳产量。”报告还论证了在石油河附近建设一座油矿的可能性，从国防角度看，在当时中日战争中开发西北油田，其重要意义不难想象。应“不惜任何代价钻探石油河构造，开发油田。”报告附石油河背斜1∶50000地质图。

1937年进行的地质考察，引起国民政府经济部长兼资源委员会主任委员、资深地质学家翁文灏的重视。1938年4月，翁文灏在国民政府临时所在地武汉，两次会见试探队的地质家马文·韦勒和孙健初，讨论了西北考察和玉门的情况。不久，国民政府经济部作出决定，收回中国煤油探矿公司在甘、青、新3省开采石油的特许权，于当年6月成立甘肃油矿筹备处，电召正在美国攻读石油工程的矿冶专家严爽回国，担任筹备处主任。并决定尽快派出人员前往玉门，开展工作。

开发玉门石油的举措，得到中国共产党的大力支持。甘肃油矿筹备处成立后，为解决钻探设备问题，翁文灏专程前往汉口十八集团军办事处，会晤中共代表周恩来，商议将资源委员会原陕北油矿留在当地的两台顿钻钻机搬迁至玉门。

周恩来当即表示，同心为国，决无异议，同意搬迁，并指定十八集团军驻陕代表林伯渠负责办理此事。当年 8 月，资源委员会派出的人员到达陕北，搬迁工作得到陕甘宁边区政府全力支持和帮助。在运输力量十分紧张的情况下，十八集团军抽调军车予以配合。陕北油矿 20 名工人随机同往。1938 年 10 月，两台钻机及配件全部运抵咸阳。又经过 4 个多月的辗转周折，两台顿钻钻机先后运到玉门，陕北油矿的工人同时到达。

1938 年 12 月 23 日，由筹备处主任严爽、地质家孙健初、测量员靳锡庚和工人邢长仲、宿光远、刘万才、刘兴国等组成的勘探队，骑着骆驼从酒泉出发。时值数九，风雪交加。骑在驼背上时间稍长，双脚就被冻得麻木，只好不时离开驼背，徒步行走，活动身体。经过 4 天跋涉，于 12 月 26 日到达海拔 2400 多米的石油河畔。这里荒无人烟，草木稀少，只有一座孤零零的老君庙。他们在老君庙旁边支起一顶蒙古包，安营扎寨，展开测量地形、勘察地质、确定井位等工作，迈开了开发玉门石油的第一步。

1939 年 1 月，从各地调集、招雇的员工先后到来，从陕北搬运的钻机及其它器材物资也陆续运到。3 月 13 日，老君庙 1 号井开钻，先用人工挖方井，27 日挖至 23 米遇油层，日产 1.5 吨。接着用从陕北运来的顿钻钻井，8 月 11 日钻至 115.51 米，探得厚达 18.33 米的油层。日产 10 吨。随后，两台顿钻又陆续钻井 6 口，全部获工业油流。7 口井出油层位均与干油泉露头层位相同，被命名为“k”油层，从而发现了老君庙油田。

开发玉门石油取得成功，鼓舞了全国人民争取抗战胜利的信心。中国石油工业艰难地迈开了前进的步伐。

1945年7月，成立了由翁文波任队长的第一支重磁力勘探队，队员有从范滋、李德生、汤任先等，他们沿河西走廊，东起张掖，西至敦煌，进行重磁力普查，并深入祁连山作区域大剖面，绘制了河西走廊1∶10万地质、重力线综合图20幅。为了提高员工技术水平，油矿举办员工业余训练班，学习钻井、采油、炼油等方面的先进技术，同时从国外购买先进设备，聘请外籍专家，实地指导工作。在资源委员会统一安排下，派出一批技术人员出国深造。炼油厂陆续从国外购进新设备。

随着油田的发展，员工队伍不断壮大，到1948年，员工总数达5059人，其中职员638人，工人4421人，技术工人占42%。据1949年统计，各类技术人员200人，其中地质勘探24人，钻井采油58人，炼油42人。

到1949年，玉门油田实际探明可采储量1700多万吨，年产原油7万多吨，在将近11年的开发中，共生产原油50多万吨，占全国同期产量的90%以上。可以炼制汽、煤、柴、润等12种成品油，成为当时全国有数的大型现代企业，为中国石油工业的发展做了必要的技术、经验和人才准备。

中国第一个现代化油田，出现在人迹罕至的雪山荒漠之间，坚定了中国人民开发祖国石油资源、建设自己石油工业的信心。数以千计的劳动者和爱国知识分子在这里洒下了辛勤的汗水。

作为玉门油田的“拓荒者”，孙越崎、严爽、孙健初、靳锡庚是早期献身石油工业的知识分子代表，他们把毕生精力献给了中国的石油工业。

1949 年 9 月 25 日，中国人民解放军第一野战军第一兵团司令员王震将军在进军新疆的途中，专程绕道玉门油矿视察。下午，第一野战军的装甲部队从积雪茫茫的祁连山麓穿过戈壁大漠，急速来到玉门油矿。已经守候在此三四个小时的石油职工，挥舞彩旗，热烈欢迎解放军。

9 月 28 日晚上，玉门油矿（此时还称作中国石油公司甘青分公司）召开员工大会。三军军长黄新亭宣布玉门油矿解放，由康世恩任军事总代表，张守瑜、焦力人、张俊任副总军事代表。

根据中国人民解放军布告和党中央关于接管城市和工矿企业的政策，康世恩宣布接收油矿、恢复生产的政策和原则，主要有：按照不打乱原企业机构的原则，维持原职原薪原制度；原油矿管理人员和技术人员给予妥善安置，安定职工，搞好生产。这些政策，受到了全体职工的拥护。整个矿区人心安定，秩序井然，油矿生产正常进行。进军新疆的装甲部队和运输车队，在这里加满油后，隆隆向西驰去。

玉门油矿的和平解放，使这个旧中国费尽九牛二虎之力建起的油田完整无损地回到人民的手中，有两个重要原因：一是人民解放军进兵神速，使得国民党未来得及实施破坏；二是以邹明为首的油矿管理层积极组织职工成立护矿大队，有效地对油矿进行了保护，并尽一切可能做了大量的物质储备。这对油矿的稳定接收和发展生产，起了重要作用。邹明是上海中国石油公司协理，1948 年来到甘青分公司兼任经理，他信仰实业救国，有着强烈的爱国思想，希望民族昌盛，中华振兴。更因为他亲手参加了油矿的建设，深知油矿一草一木来之不易。1948 年 10 月，国民党政府资源委员会在南京召开会议，孙越崎语重心长地对跟随他多年的老部下说："资源委员会现有的工矿企业，是中国仅有的一点工业基础，我们有责任把它保存下来。"邹明对此深为认同，他认定，油矿是中华民族的，油矿一定要保护好。为此，他做了大量的工作，为油矿留住了全部的人才，储备了必要的现金和物资。为了表彰邹明等人的功绩，当时西北军政委员会还特地颁发了一面"护矿有功"的锦旗。

时隔不久，彭德怀又亲赴油矿，强调要严格执行共产党接收企业和人员的政策，指出玉门油矿是发展新中国石油工业的摇篮，勉励技术人员和工人为新中国石油工业发展作出贡献。

由于当时解放军大部队进军新疆，急需油品，而矿上只有常压蒸馏和减压蒸馏等 3 套炼油装置，所产油品远远不能满足进疆部队和内地建设需要。军管会发动大家想办法，技术人员和工人们提出，新中国成立前从美国订购来的达布斯裂炼装置一直没用，现在可以装起来。炼厂厂长熊尚元和总工程师龙显烈，负责从设计、施工到试车开炉的全部技术工作。据当时在炼厂当军代表的杨文彬回忆，有两位名叫王宝森和杜秀全的老工人，技术特别好，不管是铆工活还是钳工活，都干得很好。到 1950 年年底，达布斯裂炼装置建成，试产一次成功，汽油、柴油的数量和品质得到大大提高。

中华人民共和国一成立，中共中央对石油工业的发展就极为重视和关心。1949 年 10 月 19 日，中央燃料工业部成立。1950 年 4 月，全国第一次石油工业会议在北京召开，研究部署石油工业在国民经济恢复时期的任务。军事总代表康世恩、经理邹明、地质师孙健初、工程师熊尚元等 9 人代表甘青分公司出席会议。

为了迅速培养年轻技术干部，会议决定，由中央燃料工业部拨出一笔资金给清华大学、北洋大学、西北大学、南京矿冶学院等高等院校，开办速成地质班和各种培训班，定向培养一批地质、物探、采矿专业的人才。1950 年，从北京大学、西北大学、交通大学、山东大学分配到石油系统的毕业生仅十余名，他们后来都成为石油地质界的重要人物。1950 年以后，从各大专院校分配到石油管理总局的地质、物探、采矿专业的毕业生迅速增加，成为 20 世纪 50 年代早期勘探的新生力量。

石油管理总局和西北石油管理局也开办了培训班和速成

训练班，加速培养急需人才。与此同时，还积极筹建了西安石油学校、北京石油学院和西南石油学院，为迎接中华人民共和国石油工业建设高潮的到来，做好了人才的准备。

玉门油矿解放后，仍沿用了“中国石油公司甘青分公司”的名称。1950 年 8 月 4 日，结束军事管制，正式成立玉门矿务局，燃料部任命杨拯民为局长。杨拯民是著名爱国将领杨虎城将军的长子，他在玉门第一个天然石油基地的建设过程中，发挥了重要作用，直到 1958 年才离开。

玉门矿务局一成立，就面临非常严峻的国际形势。美帝国主义悍然发动了侵朝战争，并将战火烧到了鸭绿江边，中国人民志愿军援朝在即。石油，再多生产一吨石油！共和国在焦急地呼唤。玉门油矿职工表示：“多打井，多出油，支援中国人民志愿军抗美援朝，保家卫国。”在短短几天时间里，石油工人就捐款购买了一架战斗机，有关部门将这架战斗机命名为“石油工人号”。工人们热情高涨，开创了冬季钻井的先河，冒着严寒打出了几口喷油井，使老君庙油田的面积扩大了数平方公里，同时还探得石油沟等多处含油构造。在 1950 年到 1952 年间，随着勘探效果的提高，油田增加生产井 30 口。1950 年油矿平均日产原油 264 吨，到 1952 年平均日产达 388 吨。3 年共生产原油 37.54 万吨，是玉门油矿 1939 年至 1949 年 11 年原油总产量的 73.49%。与此同时，炼油能力也大为增强，到 1952 年汽油的生产能力达到 4.9 万吨、煤油 1.66 万吨，与 1949 年相比，分别提高了 3

倍和 4 倍。1952 年 5 月 11 日，由玉门油矿培养的第一批女司机 25 人，驾驶油罐车，将玉门油品送达兰州。这是新中国成立后玉门石油正式东运的开端。

为了保证完成中央下达给石油工业的任务，并为未来石油工业的大规模发展培养一支队伍，1952 年 3 月 25 日，燃料部西北石油管理局局长康世恩，给朱德总司令和燃料工业部陈郁部长写了《关于调拨一个建制师担任第一个五年计划发展石油工业基本建设任务的报告》，提出要完成年产 350 万吨天然油的任务，共需增加职工 15690 人。请求军委在整编部队时，一次拨一个建制师，加以训练，改编为工业建设大军。1952 年 8 月 1 日，按照毛泽东主席批准的命令，中国人民解放军第十九军第五十七师 7741 人，改编为中国人民解放军石油工程第一师。

参加革命的战士多半是贫困家庭出身，没有机会学知识学文化，更别说认识那些石油的专业术语了。

于是，1952 年 8 月 5 日，石油工程第一师发布了第一号命令，号召全师上下立即开展学文化运动，向文化进军。

一个个拿枪使锄头的大老爷们开始拿起了笔杆子。军营里，到处是标语口号，满耳是读书声，地上写满密密麻麻的字迹。任凭你转到哪里，都会看到干部、战士们人手一卷，在看着、念着、互相考着。军队变成了一所大学校，营房变成了大课堂。

除了学习文化知识外，师部还尽量根据每个战士的特点把他们分配到合适的岗位，这也是利于学习、培养人才的好办法。于是，整个 57 师初步分配了专业的学习领域。

誓师大会后，石油师整编成三个团，一团去延安枣园学习钻井技术，二团赴玉门学习基建工程，三团全部在汉中就地训练汽车驾驶。这一安排，被战士们戏称为“一团钻，二团建，三团围着汽车轮子转”，覆盖了当时石油工业建设重要环节，形成了支柱力量。

随后一团、二团开进延长油矿和玉门油矿，到钻井、基建等现场进行技术培训。三团与西管局运输公司合并，成为中华人民共和国石油工业第一支专业运输队伍——玉门油矿运输处，后迁至敦煌成立石油运输公司，由张复振师长担任经理。1953 年师政委张文彬被任命为燃料工业部西北石油管理局副局长。1955 年张文彬参加了克拉玛依石油会战，担任新疆石油管理局局长兼党委第二书记。石油师转业队伍参加了石油工业一系列大型会战，是一支最能吃苦、最有战斗力的队伍。

20 世纪 60 年代初朱德委员长在视察大庆油田时，听到介绍石油师的卓越表现和成绩，高兴地说，解放军有好几个工程师转业参加工业建设，我看石油师是保持和发扬了部队的优良传统和作风。

在玉门油矿第一个天然石油基地的建设过程中，得到了苏联专家的大力支持，先后有 40 多位苏联专家在玉门工作。最早来华的是苏联专家组组长莫谢耶夫，他博学多才，不论地面与地下地质，都非常熟悉，给了很好的指导。其中最令人难忘的是特拉菲穆克院士，是他首次确定了玉门油田的驱动类型，并由此开始边缘注水，使之成为中国的第一个注水开发的油田。从 1950 年到 1959 年，中国石油系统先后聘请苏联专家、技术人员和工人 434 人。

共和国领导人也时刻牵挂着玉门油矿的建设，彭德怀、朱德、邓小平、叶剑英、陈云等领导同志先后来玉门视察，对玉门油矿的发展建设给予了高度评价。同时，全国人民的大力支援，也为玉门天然石油基地的建设作出巨大贡献。当时物资比较紧缺，但玉门供应却相对十分丰富。

玉门油田建成中国第一个天然石油基地后，就立即担负起了“三大四出”（大学校，大试验田，大研究所；出人才，出技术，出经验，出设备）的使命，充分发挥了石油工业摇篮的作用。1955 年，数千名玉门石油工人挺进柴达木；1956 年，成建制的队伍，西出阳关，会战克拉玛依油田；1958 年，3000 多名职工，又东渡黄河，穿越蜀道，参加四川会战；1960 年，以王进喜为代表的数万玉门石油工人，一路急行军，在松辽盆地出演了一幕又一幕的慷慨壮歌。此后，无论是黄海之滨的胜利油田，还是中原大地的华北油田、中原油田，无论是黄土高原的长庆油田，还是戈壁滩上的吐哈油田，到处都有玉门石油工人的身影，正如著名石油诗人李季所写的那样：“苏联有巴库，中国有玉门，凡有石油处，就有玉门人。”在几十年间，有 10 万以上的玉门石油工人奋战在祖国大江南北的石油战线上。康世恩、焦力人、宋振明、秦文彩、赵宗鼐等石油战线上的优秀领导人，都是从玉门走出；翁文波、童宪章、李德生、翟光明、田在艺、秦同洛、李虞庚等一大批院士、地质学家和石油专家，也曾在玉门摇篮中度过难忘的青春岁月；郭孟和、王进喜、薛国邦、马德仁等一大批全国著名的英雄模范，都是玉门油田的骄傲。

二

克拉玛依　初战告捷

新中国的领导人，始终关怀着石油工业的发展，对石油工业寄予厚望，这是共和国建设的血脉。

1956年年初，为对经济建设问题进行一次比较系统的调查研究，毛泽东用了一个半月的时间，听取了工业、农业、运输业、商业、财政等34个部门的工作汇报。2月16日上午，在丰泽园颐年堂，新任石油部部长李聚奎向毛泽东、李富春、薄一波等汇报石油工业情况。毛泽东听得很仔细，不断提出问题，追根究底。毛泽东说，搞石油艰苦啦！看来发展石油工业还得革命加拼命。毛泽东这些指示，成为石油工业发展的重要指导思想，鼓舞着石油战线广大职工不怕困难，艰苦奋斗，为以后克拉玛依油田的发现和大庆石油会战奠定了重要的思想基础。特别指出“发展石油工业还得革命加拼命”的要求，成为100多万石油工人的座右铭，鼓舞着他们艰苦创业，拿下一个又一个油田，为国家作出巨大的贡献。

1954年10月12日，中苏两国政府发表联合公报，决定从1955年1月1日起，中苏石油股份公司的苏联股份移交给中国，并重新成立了新疆石油公司（1956年7月更名为新疆石油管理局）。自此，中国开始依靠自己的力量，独资经营新疆石油工业。

1955年1月，新疆石油公司独山子矿务局拟定《黑油山地区深井钻探总体设计》。同月，燃料工业部石油管理总局在北京召开的第六次全国石油勘探会议决定在黑油山地区“为探明侏罗系地层的含油气情况以及研究准噶尔盆地西北缘的地质构造”打两口探井。

1955年3月，由独山子油矿的王克恩、王秋明、王连壁等人，做出了黑油山1号井的地质技术设计，设计井深1000米，目的层为侏罗系。3月测定井位，4月安装井架，由8个民族36名职工组成的独山子矿务局1219青年钻井队，在技师陆铭宝、副技师艾山卡日的带领下，在戈壁滩上日夜奋战。该井7月6日开钻，10月29日开始试油，当晚即有石油和天然气随泥浆和水溢出。11月1日计量，10毫米油嘴8个小时产油近7吨，第二天产油8吨。由此，在克拉玛依发现了工业油流。

1956 年 9 月 5 日，《人民日报》发表《支援克拉玛依和柴达木油区》的社论。国务院组织 13 个部委支援克拉玛依，全国 16 个省、市、自治区的 35 个城市为克拉玛依生产设备和器材。新疆维吾尔自治区党委发出指示，要求各级党组织、各级政府和全疆人民支援克拉玛依油田建设。新疆生产建设兵团和有关单位，抽调汽车帮助抢运积压在口岸的器材，动员几千名施工部队官兵抢修公路和房屋。塔城地区组织 1000 多峰骆驼为油田驮运越冬柴火，很快建立起商业、粮食、邮电等服务系统，有力地保障了油田勘探和开发的顺利进行。

克拉玛依油田的发现，像一曲激越人心的号角，召唤着几万名建设者从祖国四面八方汇集而来。勘探开发初期，这里没有一间房，没有一条路，领导和工人们都住在帐篷和自挖自建的地窖里，连第一例阑尾手术也是在帐篷里的马灯下进行的。生产生活用水要从几十公里以外的地方用汽车拉运，按人分配，定量供应。有时汽车出故障，几天供不上水，只能用矿化度很高的苦水洗漱。蔬菜从上百公里以外的地方拉来，经常靠海带和粉条下饭。沙漠边缘的大陆性气候，冬季严寒，夏季酷暑难耐，春天狂风肆虐，秋天蚊蝇牛虻成群。就是在这种十分艰苦的条件下，建设者们吃大苦、耐大劳，夜以继日地建设着油田，相继又发现了白碱滩油田、百口泉油田、乌尔禾油田和红山嘴油田。1958 年克拉玛依年产原油 33 万多吨，1960 年达到 163 万余吨，占当年全国原油产量的39%，是大庆油田发现以前全国最大的石油生产基地。1958年9月，中共中央副主席朱德视察克拉玛依时高兴地说："3年时间，在荒凉的戈壁滩上，建立起一座4万人口的石油城市，这是一个很大的成绩，也是一个动人的神话。"

克拉玛依油田的发现，打破了中国石油勘探长期沉闷的局面，是中华人民共和国石油勘探史上的第一个大突破。它用事实证明陆相贫油论是不符合实际的，中国有着广阔的含油气远景。

三

青海找油　四川探气

1954年春天，石油管理总局下属的青海民和地质大队约400余人，在300多峰骆驼的配合下，分三批进入柴达木盆地考察，先后发现38个地面构造和9处油苗，并分别起名为油泉子、油沙山、油墩子，这些名字个个都散发着油香。

1954年7月，石油总局局长康世恩决定亲率以苏联石油部总地质师安德烈依柯为首的苏联专家组，赴柴达木盆地西部考察。康世恩打电话给西安石油地质局副局长沈晨，要他负责组织好这次勘察行动。参加勘察的苏联专家还有钻井专家阿辽亨、地质专家格罗斯和水文地质专家吉亚契可夫；中方勘探人员有石油钻探局副局长杨文彬、国家经委石油地质处处长呼育之等人。他们计划从敦煌翻越阿尔金山进入柴达木盆地。另一路则由石油总局总地质师王尚文带队，从西宁过青海湖西进。

这次考察的主要任务有 4 点：一是评价柴达木盆地含油气的地质条件及远景；二是实地考察盆地的地理自然环境和交通运输条件；三是考察勘探队伍在盆地的生存条件和基地的选择；四是通过实地考察提出勘探油气的工作量和勘探队伍的组建规范。考察队从西安出发到达玉门油田后，得到整休和补充。临走时，正在玉门油矿兼任宣传部长的著名诗人李季和兼任酒泉地质大队副大队长的作家李若冰，也要求随队进入盆地采访。

考察队沿若羌古道前进，于第四天翻越阿尔金山。在阿尔金山顶部（即花土沟北高坡），朝南一望，大家都欢呼起来，他们看到了白雪皑皑的昆仑山，看到了水波粼粼的尕斯库勒湖。车队缓缓向湖边红柳泉靠近，同正从西宁一路进入油沙山的队伍会师。于是，两路队伍在尕斯库勒湖边的花土沟沟槽中安营扎寨。

考察队在现场考察中发现，油砂山大断裂中，暴露的油沙层相当可观：油泉子有油苗；开特米里克有天然地蜡及液体油苗。有几处暴露的剖面，构造、圈闭都很清楚。

经过普查，苏联专家和中国地质学家对盆地勘探油气资源都很乐观。这一带的生油层、储油层、构造圈闭都很好，唯有油藏的盖层尚不理想，需进一步详查。但总体来说，专家们对盆地油气勘探开发的远景非常乐观。

对盆地淡水资源的考察，也使人高兴。考察队发现，在茫崖有从昆仑山雪水渗浸地下的淡水层，而且水源丰富，水质也很好。昆仑山北侧尕斯库勒湖的一片水草地，也有丰富的淡水资源。

到底勘探队员能不能在这里长期生存下去？考察队也作了进一步的调查。首先发现在一片水草地带，有各种野鸟、野鸭、黄羊、野牛等野生动物成批出现。后来在茫崖又发现了一位维吾尔族老人依沙阿吉。阿吉老人后来成为勘探队的向导，为柴达木油田勘探开发立下了汗马功劳。老人和妻子在这里养儿育女，生活多年，一家人都非常健壮。考察证明，勘探队员可以在这里长期生存下去。

通过以上考察和现场实际体会，增强了加快勘探开发柴达木油气田的决心和信心。随后，考察队立即向国务院、西北局、青海省作了关于勘探开发柴达木盆地油气资源的报告。国务院很快就批准了报告。1955 年，青海石油勘探局成立，由张俊担任局长兼党委书记。并决定以西安石油地质局为主体，抽调酒泉地质大队、陕北枣园钻探大队、永坪大队、四郎庙钻探大队、民和大队、潮水勘探大队、铜川运输站的所属车队等划归青海石油勘探局。

从此，拉开了开发建设柴达木的序幕。1955 年 11 月 24 日，在油泉子构造顶部部署了第一口探井，开钻 18 天后，在浅层首获工业性油流，宣告了盆地第一个油气田的发现。

同年地质部、中国科学院兰州地质研究所和南京古生物研究所，分别成立柴达木石油普查大队和综合研究队，在盆地西部1.7万平方公里的范围内开展概查和普查工作，特别是对第三系地层做了大量的工作。在此基础上，石油地质工作者认为茫崖褶皱带中含油气情况良好。1956年4月28日上级决定加强勘探工作的领导，青海省批准青海石油勘探局领导机关迁入茫崖。一时间，茫茫戈壁上搭起成百上千座帐篷，使之成为名副其实的戈壁帐篷城。勘探力量迅速扩大，到1956年年底，共建立29个地质队、调查队，12个大地及地形测量队，12个重磁力队电法队和4个地震队。对盆地的认识也进一步提高。总地质师王尚文对盆地区域构造格局归纳为两带一隆。即茫崖和冷湖褶皱带和中央隆起带，其中两个褶皱带和中央隆起带之间的过渡地带对油气聚集有利。张文佑教授提出盆地被东西向两个大断层分割成为3大块，即西部、中部和东部，以西部含油气远景最好。据此，青海石油勘探局制定了"区域钻探与重点钻探相结合"的勘探方针，本着先边缘后中心，先浅后深和先易后难，见效快的构造先上的原则，对当时已完成细测的43个构造进行摸排，择优在茫崖、油泉子、油墩子、冷湖4号等13个构造上进行钻探。这时勘探队伍主要集中在茫崖褶皱带工作，然后又逐步向北扩展。钻井队已陆续增加至60个，战果也在不断扩大。继油砂山、油泉子出油后，在狮子沟、咸水泉、尖顶山和南翼山等构造上，先后发现了产量不同的油气流。地质部的

632 队也在这里并肩作战，在盆地东部北缘冷湖一带进行普查，在冷湖构造上打了一批地质井，以落实背斜带轴部的大断层的情况，其中冷湖 4 号背斜上的 F3 井，喷出大量原油，获得了重大发现。接着青海石油勘探局在冷湖 5 号背斜上钻探，在地中 4 井中获日产 800 吨的高产油流，打开了柴达木高产油气的大门。

冷湖油田发现后，勘探队伍随之调整。地调队伍除保留几个野外队外，加强了综合研究工作。钻井重点是中深井的队伍，集中在冷湖地区 5 号构造，力求尽快拿下石油储量，并争取建成一定产能。冷湖构造带其他构造用大钻机逐个钻探，必须探明其含油气情况。经过近半年时间，探明了冷湖 5 号 1 高点南区的储量，并在石油部研究院的具体帮助下，编制出分层组的开采方案，年底建成日产 1500 吨的生产能力。当年近 4 个月的时间，冷湖油田就生产原油 20 万吨。这对当时尚在起步阶段的中国石油工业，具有重大的历史意义。

1958 年第四季度开始，青海石油勘探局担负起了西藏边防部队的用油，一天必须保证装足必需的油罐车。因此，采取了放大油嘴生产，甚至用通井机带套管抽子抽吸等强化采油措施，炼油厂也加班加点，用这些非常措施满足了西藏边防部队的用油，发挥了重大的战略支撑作用。

1958 年的农历除夕来临，刚给邓小平、陈云等中央领导同志汇报完工作从成都来到重庆的康世恩，接到了石油沟探区巴 3 井天然气井井喷的报告。就在几个月前，也是这个探区的巴 9 井发生井喷，强大的气流从 1000 多米深的地层喷出，碰在井架上摩擦出火花引燃了一场猛烈的大火，整整燃烧了 78 天才被扑灭。回想曾亲自参与的灭火战斗，康世恩不敢有半点懈怠。他谢绝了重庆市长邓肯参加除夕联欢晚会的邀请，立即带着苏联专家向井场奔去。

大年初一的晨曦，照亮了井场，一场井喷被及时制止了。

四川的天然气开发有着久远的历史，为世界石油和天然气工业发展史谱写了光辉灿烂的一页。但是到 1949 年以前，一直没有发现有工业价值的油田。重庆解放后，国民党政府的中国石油公司四川油矿勘探处和重庆营业所回到人民手中。1950 年 7 月 1 日，这两个机构合并，成立燃料工业部石油管理总局重庆办事处。1952 年 10 月 1 日，重庆办事处撤销，成立西南军政委员会工业部西南石油勘探处，并陆续从延长、玉门等地抽调人员，充实四川地区的勘探队伍。1955 年 11 月，西南军政委员会西南石油勘探处又改为石油部四川石油勘探局。

1954 年第五次全国石油勘探会议提出，四川盆地应以勘探石油为主要目的，在勘探石油中，必须重视探明天然气储量。据此，四川盆地展开了石油地质调查，重点地区先是川西，后又转汇至川南和川中。这一时期，集中力量对隆昌圣灯山、江油海棠铺和巴县石油沟 3 个构造进行了钻探，并在龙泉山和厚坝地区开始进行钻探。由于当时尚未掌握裂缝性气藏的特性，钻探成功率很低，仅在圣灯山构造的两口探井中获低产天然气流。

为开拓四川盆地油气勘探的局面，四川石油勘探局作出两项重要决定：一是组织力量全面研究古老的自流气井，掌握地质规律；二是改变过早地集中力量钻探少数局部构造的做法，从全盆地着眼，加强区域勘探，寻找油气勘探的有利地区。

从 1956 年起，先在川中蓬莱镇构造钻基准井，接着又对南充、龙女、合川、营山等构造进行钻探。同时，在川东南钻探东溪、黄瓜山和高木顶构造。1957 年继续甩开勘探，取得重要成果，在圣灯山和石油沟构造上相继钻获三叠系高产气流，在高木顶和黄瓜山构造上分别钻获三叠系工业气流。在此期间，四川石油勘探局还建成了利用天然气加工炭黑的装置。1957 年 3 月 2 日，毛泽东主席在四川考察期间，专门视察了隆昌气矿炭黑车间，并亲笔题词："四川大有希望。"

1958 年 3 月中旬，连续 3 次从四川传来振奋人心的好消息。3 月 10 日，龙女寺 2 号井喷油，日产油 60 多吨；3 月 12 日，南充 3 号井喷油，日产油 300 多吨；3 月 16 日，蓬莱 1 号井喷油，日产油 100 多吨。3 个构造相距 200 多公里，每个构造面积都上百平方公里，相继喷出高产油流。消息传来，石油部大楼上下一片欢腾，报纸广播不断宣传，全国人民为之震动，为之鼓舞。物产丰饶的天府之国，终于发现了大油田，连在石油部工作的苏联专家们，也个个欣喜若狂。

刚到任的石油部部长余秋里，立即和康世恩起程赶赴四川。在3个喷油构造的现场考察之后，他们更加信心十足，看来实实在在的油田是跑不了啦，这一下可以实现党中央和邓小平提出的“四川也有了石油工业”的愿望了。部党组决定：于1958年4月20日在四川南充召开现场会议。

康世恩根据部党组的决定和当时的勘探形势，在现场会上作了关于1958年石油勘探部署和大战川中的报告。

南充会议正式揭开川中石油会战的序幕。

石油部迅速从全国各油田调动人员和物资进入四川，并将四川石油勘探局改名为四川石油管理局，由张忠良任局长，黄凯任党委书记。下设川中、川南两个矿务局。玉门石油管理局副局长秦文彩任川中矿务局局长，从玉门带来45个钻井队，1个试油队，1个运输大队，共3400余人。在短短几个月的时间里，四川石油管理局的钻井队由71个增至115个，石油职工人数达到36837人。四川省人民政府组织上万民工抢修油区公路，整治嘉陵江航道，开辟成都到南充的空中航线，仅5月份一个月就运进器材总量19.4万吨。在川中7个构造上摆开了68台钻机，其中在南充、蓬莱、龙女3个构造上确定了20口关键井，作为主攻目标。

出乎意料的是，地质学上的奇怪现象在四川出现了。龙女2井日产60吨油，两个多月压力、产量没有变化，有人形容“生产像钟表一样稳定”。会战开始后，需要关井来测井底压力，谁知关井测压不到一天，再开井却不出油了，一点油也没有了。对此现象大家瞠目结舌，不知所措。后来在这口井周围又打了4口，部井像梅花一样，但打到同一个油层也不出油。南充3井开始一天喷油300多吨，随后压力、产量逐渐下降，从间歇喷油到停喷，再到一滴油也不出了。蓬莱1井也是类似的情况。

龙女寺等构造上的喷油，宛如昙花一现，曾给人们带来那么突然的惊喜，又给人们带来那么突然的失望。川中石油会战遇到极其复杂的局面。

1958年下半年，席卷全国的“大跃进”势如破竹，铺天盖地。10月，石油工业现场会在克拉玛依油田召开。在会议之前和会议期间，余秋里、康世恩等石油部党组成员，专门听取了川中会战第一阶段的情况汇报。原定的20口关键井，已完钻19口。在钻井中有6口井发生了井喷，但喷油量悬殊很大。最高的南充8号井一天喷油110吨，最少的井只捞得8公斤油。有的井在钻井过程中发生井喷，等完钻后试油却不出油。这些情况，使得大家心情都很沉重。

川中地下出现的极其复杂的局面，使人们对川中油藏的性质，产生了两种不同的意见。一种意见认为，是侏罗系地层的砂岩孔隙出油；另一种意见认为是裂缝出油。多数地质技术干部包括在四川参与会战的苏联专家持第一种意见。他们乐观地认为：“在川中地区，侏罗系陆相地层具有区域含油的性质。依据这一情况，可以把川中地台的大部分地区列为具有高效含油远景的地区。”

只有少数地质技术干部认为川中属裂缝油藏，其中的代表人物就是川中矿务局总地质师李德生和南充大队地质师李克勤。他们认为，由于川中盆地生油层为侏罗系自流井群黑色湖相页岩，储油层主要是侏罗系凉高山砂岩和大安寨灰岩，这类油层岩石致密，渗透率低，但裂缝发育，油气储存在孔隙、裂缝、溶洞里，其结构十分复杂。因此，应先搞清裂缝的分布规律，采取相应的技术措施。

石油部党组成员分析了大战川中第一阶段取得的成绩和遇到的问题，认为川中虽有地质情况复杂的一面，但从已打出工业油流的情况来看，仍是当时找到大油田最有利、最现实的地区。而且比较倾向于是砂岩孔隙性出油，不愿意也不希望是裂缝性出油，认为李德生等人的意见只是根据少数探井、少数资料得出的。他们没有考虑和听取这个意见，甚至在“大跃进”的背景下，认为这种观点是悲观的论调，把科技问题与政治问题混淆在一起。在现场会上，对李德生和个别领导干部的观点，从政治上进行了批判，并由此而引申至对一些持有不同观点的人的批判。

10 月 26 日，余秋里在克拉玛依现场会上的总结报告中，宣布了部党组的决定，进一步加强川中石油会战，提出“今年最后两个月，必须拿下川中油田。”并要求玉门、新疆和青海三个石油管理局，各组织一个野战营（包括一至两个

"卫星"钻井队和试油队），由一名局长带队，于 11 月中旬到达现场，会战川中。并同时成立了川中会战指挥部，由康世恩任会战总指挥。到 1959 年 3 月，在 4 个月内，共钻探 81 口井，获得蓬莱、南充、龙女寺、合川、罗渡、营山等 6 个低产油田，证实了川中属于大面积贫矿油田。大批来自川中地层的第一手资料，已无可辩驳地告诉人们一个事实：川中油藏属裂缝性油藏。

1959 年 1 月中旬，石油部党组召开扩大会议，传达党中央武昌会议精神和毛泽东关于"压缩空气""冷热结合"的讲话。会议期间，余秋里、康世恩同四川局和其他参战局的领导，专门座谈讨论了川中会战问题。大家比较冷静地分析了川中局势，认为川中地区大面积含油，但地质情况复杂，需要收缩力量，下功夫去寻找地质规律和高产稳定地区。余秋里同意这种看法和意见，他说："有油要找到答案，没有油也要找到答案。花了钱，花了时间，总得有收获，在复杂的地质情况下，真正学到本事。"

为了进一步证实川中地层究竟是砂岩还是裂缝，康世恩让四川石油局地质师王宓君带人到华蓥山地区，沿 100 公里长的凉高山油层裸露区用爆炸法取岩石标本，结果也证实这里都是裂缝性储油层。

1959 年 3 月，康世恩在四川南充主持石油部地质勘探和基本建设会议，全面总结了川中会战的工作。他在讲话中实事求是地承认，原来提出的一些重要目标没有实现，大油田没有拿到手，久攻不下，打成了消耗战。他宣布石油部党组的决定，结束川中会战。4 月，会战队伍陆续撤出，留下四川石油局的队伍继续工作。

石油部领导和工程技术人员一起认真总结经验教训。为什么 3 口井同时喷油后再打不出油了，地质上应该如何解释？有的苏联专家认为，在川中 4 万平方公里的土地上，油田正在形成中，石油还未聚焦完毕，这种说法令人难以置信。大家的看法是，川中侏罗系油层太致密，岩石孔隙度特别低，出油靠裂缝，3 口井喷油高产是碰上了大裂缝，由于油源接替不上，所以产量很快下降。这是川中地质现象的根本问题。川中侏罗系油层从地质上讲，是沙石风化，加上泥土，再充填石英，所以对储油十分不利。但油是客观存在，抓住大裂缝还能找到高产区，这就需要有一套对付裂缝油气藏的特殊工艺技术。

历时 10 个月的川中会战，虽然以遭受挫折而告结束，但它是从实践到认识，从无知到有知的必然过程。在石油工业南征北战 10 年即将面临大突破的前夜，它留下了不可磨灭的印迹和宝贵的经验教训。

四

大庆会战　铁人精神

1955 年石油工业部成立后，国务院对全国范围内开展石油普查勘探工作进行了重新分工和统一部署，地质部负责搞普查和部分详查，准备构造；石油部做部分详查、细测及钻探工作；中国科学院承担综合科学理论研究工作。在以后的实际工作中，由于石油地质普查工作量很大，寻找石油储量的任务很迫切，因此石油部仍然进行了大量的石油普查工作。

1958 年松辽盆地开展大规模的石油勘探工作时，石油部调任李荆和为松辽石油勘探局局长、宋世宽为副局长。同时组成各类勘探队 32 个，开展了地质、物探和基准井的钻探。地质部派韩景行、朱大绥为技术负责人，组建了地质 19

队和物探18队，并配合浅钻对盆地进行普查。两支勘探队伍紧密合作，并肩战斗在松辽平原。

新成立的松辽石油勘探局有50多名技术人员，平均年龄不到25岁，主任地质师为张文昭，全局工程师、地质师只有杨继良、邱中建、张铁铮、安启元、常承永、胡朝元等6人。从西北第一次转移到东北广大平原覆盖区搞勘探，缺乏经验，遇到重重困难。通过一年大规模的勘探，取得了丰硕的成果。这一年，地质部发现了大同镇等17个圈闭，1958年4月17日首次在吉林前郭旗南17井发现油砂，接着又在杨大城子南14井等30口浅井见到了油砂、油气显示。石油部钻成了2口基准井（松基1井、松基2井），建立了盆地地层层序，搞清了具有多套生油储盖组合，通过区域地质研究，进而明确了勘探方向，使勘探逐步向中央坳陷转移。

1958年12月20日至28日，苏联地质专家布罗德教授在石油部勘探司副司长沈晨的陪同下来到松辽平原考察，向中国地质工作者传播了俄罗斯地台覆盖区开展区域综合勘探的做法和经验。在听取了中国地质工作者的汇报后，布罗德还乘飞机从空中观察松辽盆地的地形地貌。他认为松辽盆地登娄库构造和盆地南部的构造群，在地貌上都反映了山前带典型的冲积扇平原，松辽盆地是一个大型的自流盆地，很有希望找到大油田，他建议要以松辽盆地为整体，编制一个区域综合勘探总体设计。

1959年2月11日（正月初四），在地质部副部长何长工家里召开了石油部和地质部两部协作会议。参加会议的有地质部副部长邝伏兆、总工程师顾功叙、地矿局局长孟继声，石油部部长余秋里、副部长康世恩、勘探司副司长沈晨和张文昭。余秋里指着地图，挥动他的独臂阐述作战方案。经过充分讨论，大家一致同意对松辽盆地勘探成果的基本估价和1959年勘探部署，并明确了两部分工。1959年3月，石油部在四川召开南充会议，又发动群众讨论了松辽盆地勘探部署和措施，提出要加强地质综合研究力量，确定由石油工业部石油科学研究院余伯良率领部分科研人员、北京石油学院部分师生与原松辽石油勘探局研究人员，联合组成松辽盆地地质综合研究大队，余伯良任大队长兼松辽局总地质师，胡朝元、钟其权任副大队长。

松辽盆地勘探由二部一院（石油部、地质部、中国科学院）通力合作，充分体现了全国“一盘棋”的团结协作精神。

松辽盆地石油勘探，是第一次贯彻以盆地为整体的勘探部署，在广泛的覆盖区开展区域综合勘探的一次成功尝试。通过两年多普查、勘探，明确了中央坳陷是油气聚集的最有利地区，进而优选了钻探目标。从盆地打第一口基准井（松基1井）开始，到发现大油田只有一年零两个月，这是中国油气勘探史上最成功的一个范例。

松基3井的钻井任务由松辽石油勘探局32118钻井队承

担。队长是包世忠，副队长乔汝平，地质技术员朱自成。这是黑龙江和大庆油田最早的石油钻井队。该队 1959 年 3 月由安达人民镇松基 1 井长途搬迁 120 公里外到松基 3 井，4 月 11 日开钻。该井设计井深 3200 米，根据苏联的经验，基准井从井口开始全井取芯，完钻后自下而上分层试油，取得全套地质资料。但为了加快松基 3 井的钻探速度，当钻至 1461 米时，已经多次发现油气显示，取出的岩芯也见到了油气显示，油砂呈棕黄色，含油饱满，气味浓烈。并两次从泥浆中返出原油和气泡，有次竟延续了一个多小时。现场技术人员密切观察，将这些气泡收集起来，可以点燃，火焰呈蓝色，证明是石油气，说明井下有较好的油层。同时因为井斜过大，继续钻进有困难。为了尽早出油，在余秋里的支持下，康世恩决定，立即停钻投入试油。

决定松基 3 井停钻试油，紧接着遇到的便是固井问题。松基 3 井井身有斜度，固井难度大，再加上松辽石油勘探局成立不久，没有固井的人才和经验。考虑到这些，康世恩立即给玉门石油管理局局长焦力人发电报，要求局钻井总工程师彭佐猷带领有固井经验的全套人马，日夜兼程，赶到松基 3 井帮助完成固井任务。

在草原深处的简陋井场，大家千方百计利用废旧材料，自制出一个能下到 1400 米深度，不会发生卡、断、脱、掉问题的长提捞筒。8 月 29 日，现场工人们冒雨完成了松基 3 井的固井制作。经过电测检查，固井质量合格。为了保证井下射孔的准确性，技术人员和工人们在地面立起2米高的套管，反复试验，一丝不苟，直到每次都准确为止。9月7日，开始下提捞筒抽汲，8日在捞出的水中发现有油气味和油花。

9月26日上午，液面恢复到井口并开始外溢原油。康世恩立即指示，抢下油管，准备放喷。下好油管已是下午4时，用8毫米油嘴开井后，原油大量喷出，经测试日产原油13.02吨。

在场的专家、工人，还有当地蜂拥而来的老乡们，看着从井口喷出的棕褐色油柱，情不自禁地欢呼跳跃，忍不住热泪盈眶。

这一特大喜讯，迅速传遍松辽盆地，传向哈尔滨、长春，又以最快的速度传向北京。在中华人民共和国十周年大喜日子的前夕，在松辽盆地发现了具有工业价值的油流，怎能不叫石油工人们欣喜若狂呢！松基3井的试油经验，也是我国勘探工作中值得学习的一个成功范例。

大庆油田发现时，正值国家实行“大跃进”经济政策失误，又遇三年困难时期，加上苏联撤退专家、撕毁合同。石油部党组经过认真考虑，决定采取会战的形式，集中力量打歼灭战，缓解国家缺油的困难。这一重大举措，立即得到党中央的批准和支持，得到全国各地、各行业和军委的大力支援。一场史无前例的石油大会战在积极筹备中开始了。

11月7日，省委和政府领导20多人，在欧阳钦书记的带领下，带着物资到松基3井慰问，看了井口喷油。在返回大同镇的途中，欧阳钦提议：松基3井在中华人民共和国成立10周年大庆前夕出油，是向党和祖国献了份大礼。这口井位于肇州县大同镇地区，为避免将来建成油田后，与山西省的大同煤矿重名，建议把大同镇改为大庆区。省委、省政府的领导都同意这一建议。以后，省人大作出决定，把大同镇改为大庆特区，划归安达县管理。石油部和地质部也都认为，欧阳钦倡议的“大庆”这一名字很有意义。从此，就把这里发现的长垣叫大庆长垣；这里发现的系列油田，统称大庆油田；在这里进行的松辽会战，改称大庆会战。

大庆石油会战从一开始就得到全国各地、各行业的大力支援。1960年3月9日和11日，国家经委两次召开会议，讨论解决“大力支援东北松辽油田的勘探开发工作”，并作出会议纪要。纪要指出：“关于支援松辽油田‘大会战’的工作，在中央书记处领导下，做具体督促、检查工作的是计委、经委和建委。凡是应当解决的问题，三个委一定要积极帮助解决。”

为了迅速动员一批钢材、设备及其他基建物资，支援松辽油田勘探，国家计委、经委、建委于3月13日和17日连续发出电报，要求有关单位迅速组织货源，各地迅速就近加工，迅速运到现场。冶金、机械、林业、电力、铁道等部门，都全力以赴支持。据统计，当年到达的钢材有73130吨，木材50023立方米，水泥72713吨，机电设备50268吨，各种车辆400台套，地方建筑材料64245吨。全国有18

个省市自治区的400多个厂家，为大庆会战生产加工需用的设备和原材料。为了解决会战急需的大量用电，水电部指令黑龙江省电管局抢建电网；还专门派来34号列车流动电站，解决临时用电困难。邮电部要求黑龙江省管理局，组成邮电工程队抢建哈尔滨到大庆的通讯线路。铁道部决定，修建萨尔图到大赉150公里铁路线，为原油运输创造条件，并立即着手扩建萨尔图、让胡路两个火车站的工程。为支援大庆会战，铁道部表示，从3月开始，石油部要多少车皮就给多少车皮，而且列入正式计划。

大庆油田地处黑龙江省，省委、省政府给大庆勘探开发以最大的支持和援助。当松基3井喷油后，省委就向党中央呈送了《关于大力开发石油资源、发展石油工业的报告》。随后，又几次召开会议讨论支援石油勘探问题，并通知有关市、县委做好石油勘探的服务工作。为加强对石油工人的服务，省委决定从哈尔滨、松花江、齐齐哈尔等地区，抽调1600多名各类工种的工人，充实油区服务行业。在石油工人北上之前，当地政府就动员周围农村提前做好迎接石油队伍的准备，贴出标语，腾出热炕，还组织民工在大同镇西门外修建了几十栋土坯房。康世恩向省委报告了石油部关于开展石油大会战的决定和部署后，欧阳钦当即表示，“黑龙江人民一定会全力以赴支援大庆石油会战，要人给人，要物给物”，并决定：成立支援大庆石油会战领导小组，由省委常务副书记强晓初任组长；由副省长杨易辰负责勘探职工的粮食、副食品、煤炭、服装等物资供应；由副省长陈雷负责机修厂、卫生医疗、学校等建立工作。在省委的直接关怀下，真正做到了兵马未动、粮草先行，会战队伍未全部来到前，已有几万吨生活物资，提前运到安达县。

会战开始前，为解决人力不足这一问题，周文龙副部长给罗瑞卿总参谋长、张爱萍副总参谋长写了一封信，汇报了松辽地区石油勘探情况和准备组织会战的打算，提出了分给3万名转业退伍官兵的请求。接着，余秋里又把这一想法给周恩来总理作了汇报。周总理表示同意，并让余秋里向在广州开会的毛泽东主席汇报。在广州，余秋里见到了刘伯承、贺龙元帅和罗瑞卿总参谋长，他们都表示同意。毛主席听了余秋里的汇报，对会战寄予很大的希望，这就更加坚定了石油部领导坚决打好大庆石油会战的信心。1960年2月22日，中共中央作出“从当年退伍兵中动员3万人交给石油部参加开发大庆地区新油田工作”的决定。以后，中央军委又决定给大庆分配3000名转业军官。这批在解放军中经过严格训练，有的是经过战争考验的官兵，保持了党和军队的“三大作风”和光荣传统，在大庆会战中发挥了主力军的作用。

1960年3月中旬到4月初，半个多月的时间内，10000多名由新疆、玉门、四川、青海等老基地来的石油职工和3万多名解放军转业官兵及大专院校学生，从祖国的四面八方云集大庆，到萨尔图报到。“萨尔图”在蒙语是多风沙的意思。100多年前，这里是蔓草丛生，兔狐出没，绝少人迹。

1897 年到 1903 年，沙俄在东北修建东清铁路（现在的滨州铁路），在萨尔图设立火车站，这里才开始渐有人烟。1946 年中国人民解放军解放北满后，政府在这里建设红色草原牧场，经济有所发展。到大庆石油会战前，萨尔图镇也不过居民 150 多户，共计 1000 多人。在这种条件下，一下子拥来这么多的人，还有几万吨器材设备和生活用品，其忙乱和拥挤现象，可想而知。特别是会战主战场是根据勘探形势临时决定的，生产和生活都准备不足，千头万绪，困难重重。

面对困难和矛盾，余秋里想到了 1959 年 12 月周恩来总理在东北经济协作会议期间的指示："这次会战是一场大仗、硬仗，将会遇到种种风浪，重重困难。大会战的指导思想就是要用毛泽东思想指导一切，要用辩证唯物主义的观点、方法分析和解决会战中可能遇到的各种问题。"于是他便组织康世恩、唐克、吴星峰等领导成员，一连几天关起门来，阅读毛泽东的《实践论》和《矛盾论》，还有《关于领导方法的若干问题》。

经过这样分析后，会战领导顿觉头脑清醒多了。同时也感到，如果组织油田职工学习《实践论》《矛盾论》，以"两论"为武器，结合实际，分析和解决在会战中的各种矛盾和困难，对于做好各项工作，夺取会战胜利，必将起到重要作用。4 月 10 日，会战领导小组以石油部机关党委的名义，作出了《关于学习毛泽东同志所著（实践论）和（矛盾论）的决定》。

学习“两论”的决定，得到了广大职工的积极响应，全油田很快掀起了学习热潮。一开始，没有那么多的书，就到安达县新华书店去买。县里书店毛主席著作卖光了，又派人到哈尔滨、北京去买《实践论》和《矛盾论》的单行本。石油部机关还从北京买了几万册单行本，派专人坐飞机送到哈尔滨，再运到战区，发到职工手中。干部读，技术人员读，工人也读。到了夜间，到处可以看到人们围着篝火学习“两论”的场面。几万名职工和领导干部在一起学习“两论”，在一定意义上说，是一次马列主义、毛泽东思想的大普及，也是一次思想大解放，实质上是对洋框框的一次冲击，是对“大跃进”以来出现的主观主义、官僚主义、浮夸风等“左”的思想的纠正。这次深入的学习，对“高速度、高水平”拿下大庆油田，起到了重要的思想保证作用。

会战开始后，面对生产不配套、生活条件差的矛盾和困难，职工联系实际学习“两论”，认识到：这困难那困难，国家缺油是最大的困难；只有把大油田快速拿下来，其他困难才能得到解决。会战中，大家以“铁人”王进喜为榜样，依靠热爱祖国、艰苦创业的革命精神，战胜各种难以想象的困难，千方百计把会战打了上去。

1960 年 3 月 25 日，王进喜带领 1205 钻井队，从玉门到大庆参加会战。火车一到萨尔图，他见这样一望无际的油田，欣喜若狂，便急忙找到调度室，一不问吃、二不问住，只问：“我们托运的钻机到了没有？我们的井位在哪里？这里的钻井最高进尺是多少?”当知道井位在马家窑时，就带领全队人员步行到井场附近，找了一个破马棚安家落户。第二天，他带领部分人员到火车站等钻机，有的同志主张在钻机未到前休整一下，王进喜说：“我们是前来会战的，不能一到战场先休息。”于是，就带领大家帮助车站卸货，当了几天义务装卸工。钻机运到后，因大型起吊设备不够，轮到他们井队还要等几天，王进喜说：“要早日拿下大油田，不能等，我们要有也上，无也上。”他们就以撬杠、大绳、木头、钢管为工具，采用人拉肩扛的办法，经过三天三夜的苦干，终于把40多吨重的钻机部件化整为零，搬到井场，用土办法就位并安装起来。开钻配泥浆没有水，王进喜就带领大家到附近一公里外的水泡子，破冰取水，用脸盆端，用水桶提，保证了及时开钻。开钻后，王进喜吃在井场，住在井场，日夜不离，连续苦干，只用了5天零4个小时，就打完了他们到大庆后的第一口井，创造了当时的最高纪录。附近的老乡，看到石油工人这么不要命地干深受感动，有一个老大娘拎了一筐鸡蛋到井场慰问，见到工人就说：“你们的王队长，真是个铁人啊。”从此，铁人的称号在松辽大地叫响了，铁人也成为会战大军的一面旗帜和榜样。铁人精神是我国石油工业的宝贵精神财富及巨大无形资产，凝缩着不畏困难的民族气概。几十年来，无数中华儿女以“铁人”为榜样，在祖国的建设大业上，兢兢业业、无私奉献，创造了许多令世人震惊的奇迹，为祖国争得了荣誉。所以，铁人精神不仅仅是一个时代的影子，它凝缩了一个民族、一个国家的精神风貌，凸显了中华民族不懈拼搏、创造未来的民族气概。在铁人精神的鼓舞下，石油工业为共和国的建设立下了汗马功劳。

大庆会战是艰苦的，成果也是非常显著的。1960 年 6 月 1 日就输出了首车原油，在输油剪彩会上，数千名职工冒雨翩翩起舞，欢声雷动。

大庆石油会战的头两年，主要是打了一场大规模的油田勘探仗，迅速探明了油田的储量和油田的特性。会战开始后，45 台钻机分布在近 5000 平方公里的草原上，几万名职工遇到了雨季、严寒、材料缺乏、粮食定量不够等困难。在这种情况下，如果稍有犹豫，就可能坚持不住。余秋里代表部党组表决心说："我们的困难确实很多，这没有，那没有，这不够，那不够，有人讲这样子也叫会战？我说，这样子就叫会战！越困难越要干！只许上，不许下。不然，我们怎么叫革命队伍。"领导的决心激励着职工，不管困难多大，都能咬牙顶住。正是靠着这股为国争光、为民族争气的士气，仅用一年零三个月就探明了长垣的储量；又用两年的时间，全面拿下了大庆油田。

1961 年年初，这是大庆会战最艰苦的时期。严寒、风雪、气温下降到零下 40 多度，给会战带来不少困难；更严重的是粮食定量下降，近 1/10 的职工体力不支，出现浮肿病。司钻拉不动锚头，钻工抡不开大钳，甚至还出现有人因冻饿从卡车上摔下掉入油坑内淹死的恶性事故。

为了抢治患浮肿病的职工，会战领导小组专门给黑龙江省委打了报告，请求支援。黑龙江省决定为会战职工每人每月增加四两黄豆，做豆腐、豆浆，增加营养。从沈阳军区转业参加会战的领导季铁中，经会战工委同意，从沈阳军区要来 3 万多斤黄豆，解决了燃眉之急。

1961 年 8 月 7 日，刘少奇同志视察大庆时，察看了采油队和钻井队后，谆谆告诫说："工作和生活条件越艰苦，越要搞好职工生活，越要注意劳逸结合。在暂时困难时期，一定要关心职工和家属的生活福利。"并反复询问这里的工人生活好不好？粮食副食供应怎么样？食堂办得好不好？商业和服务行业能不能跟得上？开荒种地有没有拖拉机？家属来矿的有多少？关于大庆的发展远景，他极为关切地说："大庆这个地方最近几年要增加到几十万人，怎么建设？要很好地规划。"再三叮嘱我们："要在工业发展的时候，就把农业组织起来，关心职工的生活。这样工业和农业结合起来，事情就好办了。"

为了让会战职工多吃点肉食，会战工委决定组织打鱼队和打猎队。打鱼队到松花江、嫩江破冰捕鱼，最远的去了黑龙江，在那里一网可以捕到 1000 斤鱼，还打到了一条 500 多斤的鳇鱼。打猎队由 100 多名转业军人组成，元月 15 日出征前，会战指挥部召开了出征宣誓大会，康世恩为其送行，并要求严格遵守打猎纪律。

尽管如此，到了春节前后，还是有不少单位出现断粮现象。为弥补粮食不足，有的单位组织职工，到农民收过的地里去刨冻土豆、冻胡萝卜、冻白菜。有的职工为吃饱肚子坚持会战，把自己心爱的手表，毛线衣等当时的贵重物品，在自由市场换了土豆、玉米等。对此，有的领导批评这是“受资本主义自发势力影响，立场不坚定”。会战领导却说：“这些同志卖了自己的东西，吃饱肚子为坚持会战，应该表扬。”

就在这时，余秋里也来到大庆。他了解情况后，提出：“如此勒紧裤带苦熬，不是积极办法。待到风调雨顺整个国家丰收了，在一两年内，也不可能敞开肚皮吃饱饭。只有发扬南泥湾大生产精神，开荒种地，才能突破粮食危险线，确保大会战全胜。”

1962 年 4 月，大地刚刚化冻，各单位就组织职工开荒种粮，并在房前屋后、食堂周围种植蔬菜。草原上出现了抗日战争时期南泥湾开荒种地的场面。大家先是并排烧掉荒草，然后按指定地点，挥动铁锹、二齿钩、十字镐等一切可用的工具，一片一片地开垦荒地。总部机关干部的基地分在东油库附近，他们每天早晨 4 点多钟就起床，扛起工具下地劳动。有一次，他们从当地老乡那里借来了一副犁杖，但没有牛马去拉。在场的余秋里说：“来，我们几个人一起拉。”说着，就背起绳子拉起来。只有一条胳膊的余部长和大家一起拉犁开荒的事一传开，打消了很多人的思想顾虑，许多单位的领导都带头参加农业生产劳动，掀起了春耕高潮。

开了荒，战胜了春旱，播上玉米、黄豆和土豆等种子，在夏天又战胜了雨季水涝和虫灾。在抗旱和灭虫的时候，不管是干部、工人，每天都利用业余时间干两个小时以上。一挂锄，会战指挥部又组织大家采野菜、搞青饲料、沤绿肥、打羊草、撸草籽。这年秋收，粮食作物总产量达到了 304 万斤；蔬菜产量达到了 1316 万斤；存栏猪 4465 头，羊 1760 只，牛 448 头，马 211 匹；当年采野菜 171 万斤，打芦苇 40 万斤，打羊草 54 万斤，撸草籽 120 万斤；还打了 24 万斤的鱼。职工在当年每月可增加 3 斤补助粮食，半斤肉、4 两油、5 斤豆腐。全油田洋溢着一片喜气洋洋的丰收景象。

在那难忘的艰苦岁月，会战领导坚持“一手抓生产，一手抓生活”，以抓好生活保证勘探任务的完成。1960 年的头几个月里，一口井又一口井接连传来喷油的捷报，到 1960 年年底，共完成探井 91 口，证实了大庆长垣各构造连片大面积含油，确实是个大油田、活油田、高产油田。同时，还探明了大庆油田的主要特性是：油层多、油层厚、油层埋藏不深；油层物理性质好，孔隙率和渗透率都比较理想；油井产量较高，生产井平均日产在 30 吨左右。

在 1963 年 9 月召开的大庆油田勘探技术座谈会上，正式宣布松辽盆地的普查工作全面结束。大庆油田闯出的一套符合中国特点的勘探方法，在探明油田的速度与质量上，全面体现了高速度、高水平。与国外同类油田相比，美国拿下东得克萨斯油田用了 9 年，苏联拿下罗马什金油田用了 3

年，而大庆油田从第一口井喷油到探明长垣面积只用了一年零三个月。

大庆油田在会战初期，依靠科技进步取得的成果是巨大的。《萨尔图油田开发设计方法初步研究》《利用平面物理模型研究油水运动规律》《小层动态分析方法研究》《萨尔图油气集输流程》《糖葫芦水力式封隔器》等，都获得了国家发明奖。这是老专家和一大批刚毕业的大学生在极其困难的条件下完成的。在进行各种科学试验的过程中，充分体现了科技对生产力的促进作用，油田规模不断扩大，产量不断上升。从1960年6月1日首车原油外运，到1960年年底生产原油97万吨，缓解了国家缺油的局面，解决了会战资金不足的困难。到1963年年底，生产能力达到439.3万吨，占全国总产量的66%以上，为中国石油自给奠定了坚实的基础。

大庆油田会战初期，科技进步能取得如此大的成果，与石油部党组重视人才的培养有着密切的关系。会战刚开始，就对知识分子制定了“充分信任、大胆使用、严格要求、热情帮助”的政策。1962年7月10日，大庆会战主要领导在技术座谈会上代表党组织正式宣布：所有受过批判、戴上右倾、白旗帽子的，一律取消。当时有材料存档的，一律取出销毁。并明确提出：“会战的技术干部，绝大多数是社会主义制度下长大的，接受的是社会主义教育，为人民服务的教育，是劳动人民知识分子。老一代知识分子，他们的阶级出身不是决定的东西，海外关系的提法是混淆敌我关系，工作上的意见分歧，技术上的争论，与政治混淆起来是不对的。”“技术干部对国家的最好贡献，就是在技术上做出成绩。”在当时还十分重视“阶级斗争”的历史条件下，一个党组织能在政治上给知识分子卸包袱，十分难得。会战中，会战领导还特别重视提拔年轻技术干部。会战三年半的时间，共提拔政治思想好、革命意志旺盛、有技术贡献的年轻干部1000多名。其中提为副总指挥的7名；提为总工程师、总地质师的8名。其中，年纪最轻的是总地质师闵豫，才28岁。在他的带领下，一批年轻人，勇于实践、敢于创新，对油层地下进行了千万次分析，创造了一系列认识油层的方法和理论；经过反复核算，计算出油田储量；制订了试验开发方案，为油田开发作出了卓越贡献，多次受到领导的表扬。这些同志在生活待遇上，同会战领导享受同等待遇，工作上有职有权，他们在会战中发挥了极大的作用。一些老的专家、学者，在会战中也充分发挥自己报效祖国的才能，像李德生、童宪章、刘树仁、史久光、秦同洛等人，在退出一线后，还深情地怀念那难忘的会战岁月，说：“那不仅是个人学术上有成就的时代，也是人生最重要、最光辉的一段历程。”

大庆油田从松基3井出油，到1963年年底，已建成原油生产能力500万吨规模，累计生产原油1500万吨。累计财政上缴1.6亿元，为国家投资的149%。职工生活得到改善，矿区面貌欣欣向荣。特别是在实践中积累了一套成功的勘探、开发、管理经验，培养了一支特别能战斗的“铁人”式职工队伍，为中国石油工业的大发展奠定了基础。从而受到了党中央、国务院的高度重视和赞扬。

1963 年 11 月 17 日到 12 月 3 日，全国人大二届四次会议召开，周恩来总理正式向与会代表宣布：“由于大庆油田的发现和建成，我国经济建设、国防建设和人民需用的石油，过去大部分依靠进口，现在不管是在数量上或者在品种上，都已经基本自给了。”“中国人民使用洋油的时代，即将一去不复返了！”这一消息，在会场引起了强烈的震动，雷鸣般的掌声经久不息。11 月 19 日，人大会议特别安排半小时，让余秋里向与会代表汇报大庆石油会战情况。12 月 28 日至 29 日，党中央书记处又让余秋里和康世恩代表石油部党组分别向中央机关 17 级以上干部和北京的工矿企业领导，介绍大庆石油会战的经验。1964 年 2 月 5 日，中共中央下发了关于传达《石油工业部关于大庆石油会战情况的报告》的通知，认为大庆经验“虽然有其特殊性，但具有普遍意义”，要求将报告全文和录音传达到基层。在这期间，《人民日报》连续发表关于大庆会战的长篇通讯，发表社论。特别是 1964 年 1 月，毛泽东主席提出了“工业学大庆”的号召，全国掀起了学大庆的活动。

五

“三老四严” 红旗飘扬

在全国人民学大庆的情况下，大庆职工受到了很大的鼓舞，人人感到无尚光荣，都想进一步把工作做得更好，以回报党中央和全国人民对自己的信任。因此，职工憋足了一股劲，一心想猛冲猛打，搞大名堂，再向中央献礼；有些领导干部，也头脑发了热，看成绩多，看缺点少，看有利条件多，看不利因素少。

1964 年一开始，生产质量上就出现了一些不好的苗头。会战工委领导敏锐地看到：摆在我们面前一个突出的问题，就是在胜利的时候，在受到表扬的时候，能不能谦虚谨慎，继续前进，这是一个很大的考验。在这种情况下，如何引导职工走向正确的方向，是个迫切需要解决的问题。

正在这时，毛泽东主席发表了关于《加强相互学习，克服固步自封、骄傲自满》的文章。石油部党组抓住时机，及时向全体干部和职工进行了“两分法”的教育。

1964年2月19日到21日，石油部党组连续召开扩大会议，学习“两分法”，讨论怎样对待成绩和荣誉。余秋里强调，“面对中央的表扬，有几种可能：一种前进，一种踏步，一种后退”。康世恩强调，“实际上只有一种选择，就是靠‘两分法’前进。”根据部党组决定：全石油系统开展学习毛泽东主席的“两分法”，使“两分法”成为每个职工应有的思想武器，成为各级领导干部的重要工作方法。大庆油田于3月12日召开了3000人的“五级三结合”会议，动员各级领导干部认真学习“两分法”，联系实际，检查工作，提高认识。为了用事实教育全体干部，康世恩还组织党委领导徐今强、吴星峰、焦力人、李荆和、陈烈民等人，到35个钻井队、采油队、施工队，包括1205、1202这样先进的单位去蹲点，用“两分法”总结成绩和缺点，主要是发现存在的问题，并以《要学会用“两分法”看问题》为专栏，连续在《战报》上刊登文章，教育广大干部和职工。

与此同时，会战主要领导还按照毛泽东主席关于要把“别部、别省、别市、别区、别单位好经验、好作风、好方法学过来”的指示，派出了三个学习团到外地学习取经。其中，有到沈阳军区和解放军政治院校学习的；有到哈尔滨、齐齐哈尔、沈阳等先进单位学习的；还专门请著名的全国劳动模范和技术能手钻头大王倪志福、刀具大王金长福、革新能手苏广铭等到油田来，向职工表演献技，使广大职工大开眼界，知道“天外有天，人外有人”。油田领导干部还对照解放军和先进单位的经验，找出了 18 条主要差距，印发给职工讨论，以身作则带动油田上下从高标准着眼，从大量的、常见的低标准和老毛病入手，开展群众性的找差距活动。

两个月的时间，全油田从人到物，从工作到思想作风，从施工质量到执行规章制度，共找出存在的问题 120 多万个。钻井 1202 队是会战中与 1205 队并驾齐驱的先进队，在 1961 年用 9 个月时间打井 28 口，进尺 31746 米，比苏联“功勋”钻井队 11 个半月打的进尺还多 405 米，并创造出了 21 项全国最高纪录，成为大庆油田第一个功勋队，被石油部誉为“钢铁钻井队”。1964 年年初，听到毛泽东主席发出“工业学大庆”的号召，工人个个兴高采烈、摩拳擦掌，想再创出新纪录，向党中央报喜。这时，政治部副主任陈烈民根据党委分工到 1202 队蹲点，他和职工一起学习“两分法”，启发工人在受到表扬后要保持冷静头脑，越是有成绩，越要找差距。1202 队工人从检查设备入手，把钻机拆开，一个部位一个部位地找问题，发现大小隐患 140 多处。问题表现在机器上，根源在人的思想上。职工说：“我们脑子里有了骄傲自满，就看不见机器存在的问题；只有学了‘两分法’，才懂得成绩不说跑不了，差距不找不得了。”

1963年年底，大庆炼油厂第一期工程顺利投产，受到石油部的表彰，为此，炼油厂领导也有人产生了松口气的思想，在生活上追求高标准，盖了一个标准较高的大礼堂。对此，他们找了思想上的差距，防骄破满，决心把二期工程搞好。

会战领导让《战报》用大量篇幅刊登这些先进单位找差距情况，在广大职工中引起震动，进一步推动了找差距活动的开展。许多领导干部认识到："群众找出的问题，是对领导工作的缺点、错误的一次大暴露，将了领导的军。我们在领导思想、领导作风、领导方法上，还存在着许多问题。主要是工作不够扎实，对日常生产中的具体问题，要求不够严，工作不够细。"

在大找差距、狠反低标准、低水平的基础上，会战工委在新任党委书记兼总指挥徐今强的带领下，深入基层、调查研究、总结基层工作经验，提出新的工作目标和工作方针，推动了油田开发建设的全面发展。

随着油田建设的不断发展，为了适应石油大会战的需要，从1962年9月起，大庆石油会战工委号召全油田大搞规范化。全油田各勘探队、钻井队、采油队积极响应。"三老四严""四个一样"就是在这个过程中产生的。

最早提出"三老四严"作风的是大庆油田一厂三矿四队。一天，队长辛玉和到这个队负责的西六排2号井去检查工作。途中发现新来的徒工小孙手里拎着一个崭新的刮蜡片急匆匆地上井。辛玉和有点纳闷：小孙井上的那个刮蜡片刚领几天，怎么又坏了？于是，他返身走向材料库，问材料员。材料员拿出一个变了形的刮蜡片说："小孙今早清完蜡，也没有注意检查刮蜡片是不是起到井口就去关清蜡闸门，结果，把刮蜡片挤扁了。还让我替他保密呢。"辛玉和走出库房，思潮起伏。他认为这不单纯是一个刮蜡片的问题，小孙隐瞒事故，缺乏一个石油工人起码的老实态度，这样下去，会出大问题。特别是这件事反映出一段时间以来，队里只忙着新井投产，放松了抓队伍的思想建设，对职工没有提出严格的要求。有了这种认识，辛玉和就这一问题严肃地与小孙谈心。辛玉和讲：要干好工作，没有一个老实态度是不行的，对任何事情，钉是钉、铆是铆，对就是对、错就是错。小孙也认识到了自己的错误。他检讨说：当时自己想，反正刮蜡片没掉到井里，换一个算了，别人也不知道，以后在工作中注意一点就行了。没想到这种说假话的行为欺骗了组织，欺骗了领导。

为了用这件事教育全队的职工，党支部决定第二天在小孙管的那口井上召开"事故分析现场会"。党支部书记李忠和重点讲了事故原因及对待事故的态度问题。他说："采油工人的工作特点是单兵作战，没有老老实实的态度、严格的要求，是管不好油井的。"小孙越听越坐不住，当即站起来，眼含热泪，激动地表示，要求把那个变了形的刮蜡片挂在自己管的油井上，要时刻不忘这个教训。辛玉和激动地说：

“干部是带队伍的人，我们怎么带，队伍就怎么走。我们不能严格要求自己和别人，队伍就不可能具有高度的革命自觉性。事故出在小孙，可根子在我身上，我这个队长只埋头抓生产，放松了职工的思想工作。”大家一致表示：应该把那只变了形的刮蜡片挂在队上，让全队的人天天看到，时时想到，小孙的教训也是大家的教训，要说老实话，要办老实事，做个老实人，要严格要求自己，对每一件事要具有一种严肃的态度，这样才能管好油井。不久，在队党支部的带领下，全队开展了一个“当老实人，办老实事，说老实话，严格要求，严明纪律”的活动。党支部还制订了“干部上岗，工人监督，要求工人做到干部首先要做到”的制度。

1962 年年底，党支部发动全队职工对所管的油水井、站进行了详细认真的检查。技术员傅孝余逐井逐站认真细致地检查验收。除夕晚上，他检查到最后一口油井时，发现套管法兰缺一个螺丝，这时已是晚上 9 点钟了。为了装上这个螺丝，他从一个井排找到另一个井排，从材料库找到维修队，终于找到一个适用的螺丝，然后回到井上把它配好。老工人李广志，在西七排 3 井检查闸门池的设备时，发现回压闸门下面有颗亮晶晶的油珠。“这油珠是从哪里来的呢?”他反复检查了各个闸门，并无渗漏，也不像是外面沾上的。晚上，他把情况向井长作了汇报。第二天，井长和他一道来到井场，顺着油痕的地方，一段一段挖出管线，接着又擦干净，逐段检查。经过 4 天紧张奋战，终于查出了油珠的来历，原来是干线穿孔渗漏出来的。通过这番检查，他们及时消除了这个重大的事故隐患。

就这样，在全队逐渐形成了严细的作风。全队职工对每盘长达1500米的清蜡钢丝都要用放大镜一寸一寸地检查，确认合格后才准使用。在交接班时，发现刮蜡片直径差0.2毫米，生产报表涂改一个字，灭火器上有一点灰尘，开关闸门差半圈或工具摆得稍微不整齐，都要交班人一一改正，才能接班。由于大家严格执行制度，坚持严细作风，扎扎实实地干工作，确保了油井的安全生产。这个队建队3年共录取3万多个数据，无一差错，在用设备台台完好，井井站站达到一类，连续多年被评为油田标杆单位。

1964年2月20日，三矿四队在石油工业部召开的全国油田电话会议上介绍了经验。大庆石油会战工委作出了《关于开展向采油三矿四队学习的决定》，全油田迅速掀起了“学三矿四队、赶三矿四队、超三矿四队”的群众运动。同年5月，石油工业部在召开的第一次政治工作会议上，把他们在实践中摸索并创造的一些经验概括为“三老四严”的革命作风，即对待革命事业，要当老实人、说老实话、办老实事，干革命工作，要有严格的要求、严密的组织、严肃的态度、严明的纪律。石油工业部领导还为全队职工每人胸前戴上大红花。

大庆石油会战中的“四个一样”，最早是由李天照任井长的采油一厂二矿五队5—65井组提出来的。1961年，大庆石油会战工委提出“从大量的、常见的、细小的工作入手，全面管好生产”的号召，要求全油田建立和健全岗位责任制。每个井组都把岗位责任制写在纸上，贴在墙上。但制度是死的，人是活的，每个人能否认真执行，是摆在全体职工面前的一个严峻考验。李天照对他的井组说，执行岗位责任制的灵魂是责任心，只有树立起主人翁责任感，才能自觉地、始终如一地执行岗位责任制，才能管好生产。

1963 年 7 月的一天，天气突变，瓢泼大雨倾泻而下，片刻间，井场周围积满了没脚脖深的雨水。一小时一次的检查时间到了，雨还是下个不停。上 4 点钟班的学徒工刘玉智从值班房探出头来，望了望西边露出一线亮光的天空，转身问李天照：“井长，这雨下不长，等它住一住，咱再去检查吧!”李天照毫不犹豫地说了声：“不行!”抄起工具就冒雨冲出值班房。他按巡回检查路线逐点逐项地检查了采油树、分离器，最后沿着干线堤去检查加热炉。见到加热炉底部已经进水，便拿起铁锹挖了三条小沟，排出积水，重新调好合封。等他回到值班室，浑身上下已经湿透了。他对刘玉智说：“小刘啊，越是坏天气，越是容易出问题，以后可得要注意。”刘玉智感动地掏出钢笔，把井长的话一字一句地写在工作记录本上。由于李天照的率先垂范，整个井组形成了“四个一样”的好作风，这就是：黑天和白天干工作一个样，坏天气和好天气干工作一个样，领导不在场和领导在场干工作一个样，没有人检查和有人检查干工作一个样。

有一次新工人张学玉操作不小心，把千分尺上的一个小螺丝弄丢了，他立即报告井长并作了检讨。当天，他从下午找到傍晚，没有找到。第二天天刚亮，他又到井场上找，还是没找到。他想，我们井组自成立以来，管理和使用的几十件工具、仪表及生产设备至今件件完好，没有丢过一个螺丝，今天自己弄丢了一颗螺丝事小，破坏了老师傅们辛辛苦苦养成的好作风，这可是大事。于是，他请了半天假，赶到萨尔图，问遍了所有的自行车修理部、钟表和收音机修理店，想买一颗小螺丝配上，结果不是没有，就是规格不合适，都未如愿。想来想去，他想到了生产厂家。他工工整整地给厂家写了封信，说明事由，请技术员根据形状画了张草图，标明尺寸，并附上一元钱，要求厂家卖给他一颗小螺丝。厂家被他的这种对工作的高度责任心所感动，破例送给他一颗螺丝。他们扣除寄信花去的两角钱邮费，把剩下的钱附在一封信里用挂号信又给寄了回来。在信中，厂家写道："你们自觉地爱护设备，在自己的岗位上严细认真，一丝不苟，这种精神值得我们学习。"

这个井组自从 1961 年 7 月成立以来，到 1964 年，安全生产 1045 天没有发生任何事故，成为安全生产过得硬的井组。他们累计录取各种资料数据上万个无差错。他们的设备配件定期维修保养过得硬，井组 1860 个设备部件不渗、不漏、不松、不锈，井场清洁平整。由他们管理的 3 口油井始终保持标杆井水平。在原油生产上，天天超产，月月超产，年年获油田“标杆井组”的光荣称号。经过上级领导 3000 多次明察暗访和 20 多次大检查，没有一次脱岗、串岗、睡岗的；在井上录取的 2 万多个地质数据无一差错；油井各种设备上的 863 道焊口、156 个大小闸门没有一处漏油跑气的，井组在全油田多次被评为五好红旗井组。

大庆会战中，指挥部结合三矿四队和李天照井组的典型事例，狠抓队伍的作风建设，使全油田涌现了一大批作风严细，真正体现“三老四严”“四个一样”作风的先进集体。大庆有个采油队所管的油井在中心广场附近，在井场上班的工人只要一抬头就能望见露天放电影的银幕，但是值班采油工硬是不看电影，坚守岗位，集中精力巡回检查油井。有个注水站距食堂只有 200 米，但站上的职工常年坚持带饭上岗，吃饭不离岗位。有位女泵工因临时替班，连续工作了 20 多个小时，没离开岗位一步，始终按要求定时检查设备。她只要脱离几分钟，就能把饭取来，但她没有这么做。运输十三队差不多年年夏天突击运基建用料，冬季进山拉“困山材”，在远离领导、冰天雪地的深山密林里完成集材任务。他们车过果园，不动百姓的瓜果；行车轧死一只鸡，便挨门询问，直到找到鸡的主人，照价赔偿。他们车行万里，一尘不染，被当地老乡称为“不穿军装的解放军”。

在队伍建设方面，按照石油部党组提出的“三老四严”要求，培养队伍作风，树立了“严细成风”的采油三矿四队。他们对职工严格要求，所管理的 16 口油、水井和泵站，全部安全正常生产，机泵设备台台完好，资料数据齐全准确，地面无油污，地下无落物，月月超额完成生产任务。1964 年 2 月 14 日，油田会战工委作出向采油三矿四队学习的决定。随后，石油部召开全国电话会议，要求各油田都要学习三矿四队严格管理的经验。余秋里在电话会议上强调："学习三矿四队，要突出一个严字。要严格按规章制度办事，对生产管理要严、对干部要严、对工人的管理也要严、办一切事情都要严。"仅一个月时间，全国各油田有 7900 多人到采油三矿四队学习经验。用"三老四严"作风培养队伍，成为石油行业的光荣传统。

为了将对职工思想作风上的要求同本职工作的职责、目标的微观要求紧密结合起来，使其制度化、规范化，通过严格管理，保证日常思想政治工作同生产管理工作都落到实处，建立起以岗位责任制为中心的一整套管理制度，实现了事事有人管，人人有专责，行为有规范，检查有标准。这套制度的根本出发点，是尊重职工的主人翁地位，启发他们的高度责任心，是中国式科学管理制度。

在抓基层队伍建设的同时，油田会战工委狠抓了领导干部的自身建设。1964 年 8 月，根据中共中央颁发的《党政干部三大纪律、八项注意》，总结石油会战以来的经验，制定了大庆油田领导干部《约法三章》。它的主要内容是：一要坚持发扬党的艰苦奋斗的优良传统，保持艰苦朴素的工作作风，永不特殊化；二要克服官僚主义作风，永不做官当老爷；三要坚持“三老四严”作风，保持谦虚谨慎，永不骄傲，永不说假话。领导干部《约法三章》的执行，进一步推动了油田职工队伍的建设。

在油田管理工作方面，提出了新的高标准、严要求。1964年5月，大庆会战工委提出在生产建设上要实现：项项工程质量全优，事事做到规格化，人人做出事情过得硬；一切措施都要有利于质量全优，有利于提高工作效率，有利于安全生产，有利于增产节约，有利于文明生产和文明施工。1965年1月，会战工委又号召职工“向高度机械化、高度自动化进军，发展新技术新工艺”。广大职工响应工委号召，在油田开发方面，全面完成了分层注水的作业施工任务，由笼统注水进入到分层注水的阶段；在钻井方面，开展快速优质钻井，整个钻井队战线平均年钻井进尺达到2.84万米，为会战前两年的3倍，1202和1205两个钻井队达到了5万米；在油田建设方面，推广了管道施工机械化，金属、水泥大件预制化、装配化，提高了效率和质量，可以做到常年施工。到1965年，全油田钻井400口，建成原油产能1000万吨，生产834万吨，上交国家利税8.38亿元，成为当时上交利税大户。

1964年12月，周恩来总理在第三届全国人民代表大会第一次会议上所作的《政府工作报告》中，高度概括了大庆油田的基本经验，他指出：这个油田的建设，是学习运用毛泽东思想的典范。用他们的话说，是“两论起家”，就是通过大学《实践论》《矛盾论》，用辩证唯物主义的观点，去分析研究解决建设中的一系列问题。这个油田的建设，也是大学解放军具体运用解放军的政治工作经验的典范。这个油田的建设，自始至终坚持了集中领导同群众运动相结合的原则，坚持了高度革命精神同严格科学态度相结合的原则，坚持了技术革命和勤俭建国的原则，全面体现了社会主义建设总路线多快好省的要求。

大庆油田会战拿下了一个大油田，开发建设中积累了丰富的成功经验，培养了一支能打硬仗的队伍，为石油工业全面腾飞奠定了坚实的基础，是中国石油工业发展史上的一个重要里程碑。

六

环渤海湾　捷报频传

大庆油田的发现，使中国石油工业的领导者们受到很多启迪：中国的地质条件也能产生大油田。中国既然能发现大庆，也就能发现其他大油田。而且，像中国这样的大国，只有一个大庆油田是远远不够的，必须找到更多的大油田，探明更多的油气资源。基于这样的认识，石油工业部的领导者们在大庆油田初步拿到手以后，就十分注意选择和积极准备后备战场。当时，他们首选的目标就是渤海湾盆地。这是因为，在当时的各个石油探区中，渤海湾地区的勘探形势最好。

1960 年石油部副部长康世恩和地质部副部长邝伏兆商定年底在天津召开两部联席会议，讨论华北石油勘探方向。

会议于 11 月间在天津河北宾馆举行。康世恩因大庆会战太忙，无法参加，派勘探司副司长沈晨带领邱中建、蔡陛健及华北石油勘探处有关同志参加。地质部邝伏兆副部长带石油普查局孟继声局长等人参加，还有北京市、天津市及河北省、河南省、山东省、山西省、内蒙古自治区“两市五省区”的地质局长、总地质师等人参加会议。会议期间，传来好消息，华 7 井在济阳坳陷沙河街构造下第三系发现一套数百米厚的深灰色生油层。这一新的成果引起了地质家的极大关注，沈晨、邱中建、蔡陛健等根据 7 口基准井的资料和物探资料分析，一致认为渤海湾地区是找油找气最有利的地区，并提出把马头营、塘沽、羊三木、营口、义和庄、东营等作为下一步勘探的突破口，得到会议一致赞同。会上还明确了两部分工，石油部集中力量钻探山东济阳凹陷的东营和义和庄，地质部集中力量钻探河北黄骅凹陷的羊三木，争取早日突破找到大油田。

根据会议精神，石油部勘探司提出在沉积厚度大、圈闭条件好的东营构造上部署华北地区第八口基准井——华 8 井，由 32120 钻井队负责钻探，得到部领导的批准。

当时的东营仅仅是山东省广饶县辛店公社的一个仅有百十户人家的小村庄，东营原名吴家营。唐初李世民率军东征平叛，曾在这一带分设东、西、南、北四个屯兵大营，东营是其中之一。此后，人们就延续了这个称号。从华 7 井到华 8 井有 200 多公里路，没有一条公路直通，只有绕道济南过黄河，走张店，再到东营。小小的东营村一下子来了这么多人，他们只能住在老百姓的牛羊圈里，条件十分艰苦。吃的是草籽掺地瓜面蒸的窝窝头，喝的是农村水塘中积攒下的浑浊咸涩的雨水。在这种艰难困苦的条件下，全队职工人拉肩扛经过三个多月的奋战，竖起了井架，于1961年2月26日顺利开钻。

1961年4月16日，华8井用原钻机试油，用9毫米油嘴生产，日产油8.1吨。华8井喷油，实现了渤海湾地区找油零的突破，是贯彻执行党中央关于石油勘探重点东移战略决策的又一个重要成果。

1962年4月6日，康世恩在石油部局、厂领导干部会议上指出："东北、渤海湾地区的石油勘探，现在看来现实意义最大。这些地区的交通条件好，资源情况好，因此，今年要作为重点来干，力争发现新的油田。"会议决定集中优势兵力，对东营凹陷进行详探，第一批预探井很快开钻。9月16日，东营凹陷北部的营2井在沙三段，钻遇了20多米的高压油层，发生强烈井喷。经过压井措施后，井喷制伏。9月23日，用原钻机试油，通过15毫米油嘴放喷，获日产555吨的高产油流。这是当时全国产量最高的油井。

为了纪念这个喜庆的日子，在当时特殊的政治、经济形势下，对外便把东营探区称为"九二三"厂。华北石油勘探会战有南北两个主战场。北边的主战场，主攻黄骅坳陷；南边的主战场，主攻济阳坳陷。因为华8井和营2井等十几口出油井都在这一地区，所以勘探部署和规模都比较大。

东营成了一块石油会战的热土。这个地区面积约 7700 平方公里，位于鲁北平原黄河入海口的三角洲上，被誉为“共和国最年轻的土地”。由于黄河入海口经常泛滥改道，水灾频频，因而，自然环境十分恶劣，人烟稀少，盐碱地白茫茫一片，风沙翻滚，尘土飞扬。

从四面八方赶来参加会战的队伍总人数很快达到了两万余人，其中打探井的钻井队达到 16 个，地震队达到 17 个，在东营周围摆开了战场。尽管条件十分艰苦，但会战将士士气高昂，歌声、笑声不断，大家满怀希望，以为很快就能拿到一个像大庆那样的整装大油田。第一批井打下来后，情况离人们预期的目标相差甚远。由于地质情况复杂，断块小而破碎，岩性变化大，加上运用甩开井距钻探的方法，有些探井落空了，一部分井虽然见到了油，但都不连片，拿不下含油面积和储量。

当时，人们比较习惯于用大庆会战的勘探模式、勘探方法来认识和对付渤海湾盆地，结果，在实践中碰了钉子。一时间，会战队伍出现了悲观情绪，歌声没有了，人们脸上的笑容不见了，大家心里七上八下的，不知该怎么办才好。

余秋里和康世恩多次召开技术座谈会，组织技术人员用辩证法指导勘探，善于透过现象抓本质，从“复杂”中找出“简单”，化“不利”为“有利”。经过对大量资料的分析，地质技术人员认识到，东营中央地带断层多，构造复杂；而它的北部坨庄—胜利村一带，构造相对简单，沙 2 段油水关系单一，而且油层有加厚的可能。据此，会战指挥部果断决定，第一场战役首先解剖胜坨构造。

1965 年 1 月 25 日，坨 11 井试油，一次射开全部油层，通过 30 毫米油嘴放喷，一股褐色的高压油流喷涌而出，井场职工欢呼跳跃，24 小时内畅喷原油 1134 吨。这是全国产量最高的一口千吨井，是继大庆油田之后发现的又一个大油田。新华社为此发了消息，举国上下为之欢腾。石油部党组发来贺电，山东省委、省政府派人专程祝贺，石油部余秋里、康世恩等领导专门指示杀几只羊，送到井场犒劳有功人员。

1965 年，在华北大地发现胜利油田、大港油田以后，海上石油勘探的重点转向了北方，勘探工作伸展到渤海海域。

1965 年 2 月，大港油田组成海洋石油勘探室。1966 年 8 月，在天津塘沽成立了海洋石油勘探指挥部，由大港油田副指挥钟一鸣兼任指挥。当时的条件十分艰苦，职工们为了进行海上勘探，租了一艘小汽船进行海况调查，把吊车固定在驳船上当起重船，用小拖轮把上百吨重的钻机、设备运到海上，先在塘沽东面 50 公里的一个孤岛——曹妃甸钻井锻炼队伍。在此期间，他们遇到了渤海 60 多年未见的大海啸，汹涌的海涛几分钟就吞没了整个海岛。53 名职工挤进一座航标灯塔下的小房里。救援人员经过 3 天搏斗，才把遇险人员搭救脱险。他们为了在海上钻井，又自己动手设计、建造桩基固定式钢平台，连续奋战了100多个日日夜夜，完成了从平台预制到海上安装全部工程。1966年12月2日，在渤海湾建起了第一座钻井平台。12月31日23时45分，渤海第一口石油探井开钻。1967年6月14日，这口探井喜喷原油，日产油约30吨。国务院为此发了贺电，广大职工备受鼓舞，乘胜前进，加速建造了第二号钻井平台，进一步发展渤海石油勘探。

1969年年初，正当第二号钻井平台准备开钻之际，渤海湾又发生了几十年未遇的特大冰灾，整个渤海西部被坚冰覆盖，冰厚达50至70厘米，两个钻井平台和近百名职工生命安全受到严重威胁。在这危急时刻，周恩来总理命令陆、海、空三军派出人员救援，石油工业部、交通部和天津市也派出船只破冰抢险，奋战了28天，保住了一号平台，但二号平台被冰块推倒。渤海石油职工自强不息，继续奋战，他们又造了新二号钻井平台和三号钻井平台。这样，从1966年到1972年的7年中，在渤海建造了4座钻井平台，打了14口探井，发现了3个含油构造。更重要的是，锻炼了队伍，涌现了海上钻井队长康于义、李纪扎等模范人物，为以后的勘探积累了经验。

从1973年开始，中国在大连造船厂建造了自己设计的渤海一号自升式钻井船，从日本引进了渤海二号自升式钻井船（原富士号），以后又在大连造船厂建造了渤海三、五、七号自升式钻井船和渤海九号生活供应船，从国外引进了渤海四、六、八、十号自升式钻井船。同时，还在国内建造和从国外引进了一批三用（拖航、起抛锚、供应）工作船和地球物理勘探船等。从此，渤海的石油勘探进一步展开，钻井速度加快了。在这段时间里，渤海共打探井和生产井 100 口，发现了 9 个含油构造和海四、埕北、428 西三个海上油田，建起了简易采油平台，有 19 口井投入试采。为了适应渤海石油勘探开发的发展，1978 年 8 月，石油工业部在天津塘沽设立了海洋石油勘探局，马骥祥任局长。

七

辽河两岸　战歌嘹亮

如果把整个渤海湾盆地看成是一个硕大的葫芦的话，辽河坳陷就是顶部的一个葫芦把儿。它位于辽宁省中部，三面环山，一面向南深入辽东湾海域，总面积 15906 平方公里，其中陆地面积 12400 平方公里，占 4/5。在发现了胜利、大港油田之后，地质学家最看好的是渤海湾北部的辽河坳陷。

1967 年国家正值“文化大革命”动乱中，铁路运输几乎中断，煤炭生产几乎瘫痪，鞍山钢铁厂所需的炼钢用煤无法保证。当时的鞍钢，大部分民用钢材已经停止生产，但作为战备所需要的特种钢材的加工任务却很繁重。为了保证鞍钢的正常生产，国务院紧急决定尽快探明距鞍钢最近的辽河地区天然气资源，用天然气解决鞍钢的炼钢炉燃料问题。

国家为此又作出部署，让大庆油田的勘探队伍南下辽河地区接替地质部勘探队的工作。根据这个统一安排，石油部应辽宁省经委和化工厅的要求，指示大庆油田组织一个调查小组，由大庆研究院副总地质师张文昭带队到辽河地区调查踏勘，对辽河坳陷的油气勘探前景及经济地理条件进行分析，拿出了一个调查报告。翟光明等地质专家审查修改后，向国家计委作了专题汇报。计委决定由大庆油田负责辽河地区的石油天然气勘探开发，并组织了 3 个钻井队、2 个试油队和地质、测井、机修等相应的队伍千余人南下辽河，这支队伍被命名为“大庆六七三厂”。

勘探队伍到达的目的地是辽宁省南部临近渤海的地方，这里是东北 9 条河流入海的交汇处，地势低注，沼泽遍布，芦苇繁茂，小鸟成群。芦苇荡的面积之大在世界属第二位。根据国家“确保鞍钢生产所需的天然气”这一要求，勘探的首选目标是欧利坨子—热合台构造。这个构造以前曾打出过天然气井，现在要尽快落实气田面积和储量；加之这一地区距离鞍钢比较近。随着勘探目标的确定，指挥部机关就定在盘山县西北约 25 公里处的沙河镇。学校在停课，机关就在沙岭镇中学办公，后来又在一块荒地上盖了十几栋用高粱秆编织的土房子。

此时，许多工厂停产，但是从大庆来到辽河的这支勘探队伍却一直顶住干扰和破坏坚持勘探，并严格生产管理，做到口口探井资料齐全准确，为油气田勘探积累了宝贵的第一手资料。

辽河的第一批探井欧 1 井、热 1 井、黄 1 井是根据石油部专家组确定部署实施的。由于当时人们对辽河的地质特点和油气分布规律认识比较肤浅，所以，采用了大庆会战的地质模式，把井位定在构造的顶部，结果接连打了两口干井。只有 32146 钻井队承担的黄 1 井发现了数十米厚的油层，并喜获工业油流。通过研究勘探资料，明确了断块油田的特点，在勘探部署上要坚持“油气并举”，要甩开勘探新构造，要加深勘探新层系。基于这个思路，在东部凹陷的三界炮、黄金带、于楼、榆树台等 8 个明显的构造上都部署了一批探井；在热合台构造部署的热 3 井，穿越气层加深勘探。

为了开展西部凹陷的勘探，石油部调来一个地震大队。经过第一轮地震勘探，发现了兴隆台构造，立即甩开勘探，在构造顶部部署了兴 1 井。

到 1969 年年底，辽河勘探取得重大突，34 口探井中有 19 口获得工业油气流，共钻探 12 个局部构造，有 9 个含油气显示，热 3 井在气层下面发现高产油层；兴 1 井获得日产 152 吨的高产油流；特别是位于东部凹陷黄金带构造的黄 5 井，在钻井过程中就发现了累计达 202 米的巨厚油气层。1969 年 11 月 22 日，黄 5 井在试油过程中发生强烈井喷，30

个兆帕的地层压力憋得地表剧烈抖动，喷出的油气在井口形成高达 50 多米的气柱，进而又随风汇成一条 5 公里多长的油气流带，井喷发出震耳欲聋的吼声，15 公里外都听得见。黄 5 井井喷，惊动了国务院，周总理作了指示，要不惜一切代价，制伏井喷，保护油气田。沈阳军区调动了部队紧急抢险，辽宁省组织基干民兵在油区方圆百十里戒严，石油部勘探开发组组长秦文彩刚从阿尔巴尼亚成功地处理了一起天然气井喷着火事故，返回北京便接到任务，他连夜赶到辽河，从地质、开发、钻井等部门抽调 50 多位专家组成抢险领导小组，拿出了一整套抢险方案。10 万军民精诚团结，携手奋战 30 多个昼夜，终于制伏了井喷。

从此，辽河石油勘探进入了新的阶段。1970 年春节过后，唐克副部长带人到辽河探区搞调研，听取了近期勘探情况的汇报，并与地质专家们一起就辽河坳陷的勘探现状及前景进行了分析讨论。根据辽河石油勘探的新形势，石油部不失时机地向国务院提出了集中人力、物力继续扩大辽河石油勘探的报告。1970 年 2 月 24 日，国务院下发了（70）27 号文件，批准了石油工业部《关于加速辽河盆地石油勘探的报告》。要求在确保江汉石油会战的前提下，充分发挥石油职工的积极性，自力更生，艰苦奋斗，进一步勘探开发辽河油田。

石油部军管会决定成立辽河石油勘探指挥部。指挥长由曹进奎担任，政委由刘长亮担任，参谋长由王涛担任，迅速从大港、江汉、长庆等油田组织会战队伍赶赴辽河参加石油会战。因为 1970 年 3 月 22 日恰好是毛泽东主席批示的《鞍钢宪法》发表十周年纪念日，石油部用这个日子为一个新的油田命名，并且要求在这个纪念日子里，参战队伍要正式鸣炮会战。

正在组织辽河石油会战的石油部副部长唐克，带着“三二二”油田指挥部领导，专程去沈阳向沈阳军区司令员陈锡联汇报。陈司令员十分支持国务院关于在辽河地区组织石油会战的决策，他听完汇报后说：“在辽河地区找出油气来，对东北七千万人民和全国几亿人民都是很大的贡献。加速辽河油气田的勘探开发，对于解决鞍钢的燃料问题，节省煤炭、缓解铁路运输，对于支援辽宁省农业、促进化学工业发展，对于勘探渤海海域的油气资源，都有着十分重要的意义。”鉴于当时铁路运输极不正常，为了保证会战顺利进行，陈司令员还当即决定，从沈阳军区紧急调用 700 辆军车支援会战队伍的长途搬迁工作，使大港油田的 5000 余名职工和 15 部钻机及相应会战的队伍在短短一个月内全部搬迁到会战新区。

大港油田 3241 钻井队接受了打响辽河石油会战第一炮这一光荣而又艰巨的任务。此时，留给他们的时间仅有 10 天。为了确保在《鞍钢宪法》发表 10 周年这一天开钻，全队职工发扬大庆会战优良作风和石油工人艰苦奋斗的光荣传统，分秒必争，连续作战，在大港用了三天三夜时间拆卸井架、装车，长途跋涉来到辽河新探区后又奋战七天七夜，一口气卸下 129 台车、500 余吨重的设备，在辽河平原苍茫大地上竖起了井架。3 月 23 日清晨，随着指挥长“开钻”一声令下，钻杆旋转，鞭炮齐鸣，辽河会战第一炮终于打响了。

唐克与“三二二”油田总指挥部的同志们一起，制定了 1970 年勘探部署，提出要打好四个阵地仗，即详查热合台、黄金带、兴隆台、桃园构造，落实探明储量，尽快部署开发试验区，形成油气生产能力，确保为鞍钢正常供气。此外，用两台钻机甩开勘探，打好前哨战，其中一部放在渤海的海滩上。这里有个叫海外河的构造，从陆地直接延伸至浅海。如果这个构造有新的突破，那么辽河坳陷有利勘探区域可以从陆地拓展到海域。为了钻成海 1 井，唐克亲自督战，沿着海堤修了条简易公路，在狂风波涛中立起了井架。海滩上没有淡水，工人们在钻井生产中克服了许多难以想象的困难，终于高速优质钻完了海 1 井，获得了工业油流。1970 年 6 月 10 日，热 1 井采气站及热 3 井、热 7 井、辽 6 井、辽 11 井投产，油田天然气通过输气管线正式输往鞍钢。1970 年 9 月 26 日，辽河油田第一条输油管线建成投产，所产石油正式输向盘锦炼油厂。1970 年 4 月，“三二二”油田总指挥部召开第一次技术座谈会，明确了辽河凹陷的勘探开发方针是：必须以断块为出发点，对待复杂断块要用综合的方法去认识，用科学的手段去制伏。

1972 年 10 月，东营勘探会议结束后，应康世恩邀请，渤海湾地区几个油田的地质技术人员又在北京继续开会，专门研究渤海湾地区的地质规律。在这个研讨会上，“三二二”油田参谋长王涛作了题为《辽河凹陷基本地质特征及勘探方法》的报告，刘沐同志根据断陷盆地勘探开发实际编了一段顺口溜“占断层，打高点，沿断层，找高产……”受到了康世恩的表扬。

1973 年 3 月，燃化部批准正式成立辽河石油勘探局，刘长亮任书记，贾皋任局长。就在这一年的春天，位于西部凹陷的兴隆台构造在进一步勘探中，抱了一个“金娃娃”连续打出了 3 口千吨井以及 30 口百吨以上的高产井，发现了兴 42 井和马圈子高产区带。为了集中优势兵力，拿下兴隆台油田，辽河石油勘探局集中了 24 部钻机会战，并把局机关搬到兴隆台油田，开展了以“抢打高产油井、抢建产能”为内容的夺油会战。1973 年年底，辽河油田原油产量从 37 万吨上升到 104 万吨，1974 年又上升到 212 万吨。

1974 年 8 月，在北京召开的全国技术座谈会，康世恩特别请辽河石油勘探局总地质师张文昭总结兴隆台夺高产的经验。张文昭总结了两个字、8 句话，第一个字是认识油田必须“细”，即：钻井取芯走在前；钻井资料要取全；五位一体搞综合（指地震、测井、取芯，试油、分析化验综合研究）；搞清地下四关键（指搞清断块形态、流动系数、油层连通情况、油藏类型和驱动）。第二个字是开发油田必须

"稳"，即：分块定方案；逐块齐投入；对应早改造；早注、分注是关键。

1975年，按辽河石油勘探局原定部署，勘探开发的重点是继续会战兴隆台，同时抽调18部钻机整体解剖大民屯，另有10余部钻机在西斜坡、荣兴屯等地区甩开勘探。4月间，部署在西斜坡曙光构造的杜7井和欢喜岭构造上的杜4井，连续获得百吨以上的高产油流，揭开了西斜坡石油勘探的序幕。

辽河坳陷的三个大凹陷中，东部凹陷是最早勘探的，但却是油气丰度相对较低的。西部凹陷在发现兴隆台高产油田后，成为勘探的主战场。这个在地质图上状如粗黄瓜条的凹陷中，自北向南分布着一连串西高东低、形如大鼻头的局部构造，面积较大的有高升、曙光、杜家台、胜利塘、欢喜岭、西八千等，人们习惯称其为西斜坡。西斜坡总面积约1230平方公里，其勘探始于1973年，两年间先后钻了7口探井，有油气显示但无一口井获工业油流，与其他地区相比，勘探成功率相对较低。因而，在总体工作部署上只把它作为战略侦察地区。杜4井和杜7井的相继出现，为西斜坡石油勘探带来新的曙光。经过资料对比分析，发现两井虽相隔16公里，但出油层位相同，可能有大面积的油藏存在。辽河石油勘探局当即果断决定，调集钻机打11条钻井大剖面，整体解剖西斜坡地区。

杜7井所在的曙光构造，位于西斜坡中部，因构造相对平缓成为首选目标。到 9 月底以前，完成探井 19 口，有 17 口获得工业油流，勘探成功率高达 89.5%，令人欢欣鼓舞。

9 月下旬，石化部部长康世恩带着翟光明、邓礼让、朱兆明、邱中建等专家来到辽河调查研究，决策西斜坡会战。听了汇报，看了现场之后，在辽河油田干部大会上，康世恩说："今年最大的胜利就是同志们开展了西斜坡的勘探，现在西斜坡发现了一个大油田。这个油田有多大呢？大体上算，从北边的高升，经过曙光，经过杜家台，一直到欢喜岭，南北已经出了油的范围有 80 多公里长，两头再扩一下，有百十公里，宽度平均算起来也有 80 多公里，所以说是个大油田。"

康世恩一行回到北京后，于 10 月 18 日向国家计划委员会、国家建设委员会提出了《关于组织辽河地区与曙光油田会战的报告》，报告很快得到批准。这一年，石油勘探在辽河西斜坡、河北任丘、河南濮阳三个地区相继获得重大突破，部党组决定：大庆保辽河，大港保任丘，胜利保濮阳，三个战场全线出击，夺取石油工业发展的更大胜利。1976 年 1 月，刚刚上任的石化部副部长兼大庆石油局局长宋振明来到辽河，具体部署曙光油田会战工作。确定大庆成建制地派出参战队伍，归属辽河局统一指挥，但职工的工资、劳保由大庆负责。

宋振明从辽河回到大庆，立即召开常委扩大会议，传达部党组关于参加辽河西斜坡油田会战的指示精神，他特别强调：干部要选强的，队伍要选好的，把大庆著名的标杆队伍都拉上去，打硬仗，为大庆争气，为石油工业争气。最后决定由王苏民、崔海天带队。上万人的队伍，上千台设备，仅用一个多月时间，全部开赴会战前线。会战队伍在一片芦苇塘中安营扎寨，上千栋木板做成的活动房构成了会战前线一道奇特的风景线。

物探局 10 多个地震队与辽河的地震队联手组织了地震勘探会战，为了对西斜坡的地下构造进行详查，他们把地震资料采集覆盖次数由常规的 6 次增加到 12 次，共完成地震测线 3181 剖面公里。

1976 年年底，曙光油田探明含油面积 200 平方公里，探明储量 1.3 亿吨。随后编制开发方案，进行正式开发。1977 年年底，曙光会战结束，当年产原油 51 万吨。同年大庆参战的主体队伍陆续返回大庆。

西斜坡地处芦苇荡，车不能行，马不能走。康世恩一针见血地指出：要找油先修路，有路才有油。

1975 年 10 月，由沈阳军区、辽宁省和辽河油田联合组成辽河油田公路会战指挥部。参加会战的有锦州、铁岭、沈阳、鞍山、营口 5 个民兵师、26 个团、450 个营，共 6 万余名指战员。1975 年 11 月 21 日筑路大军开始施工，此时正值数九寒天，民工和战士冒着严寒，破冰挖土，夜间烛光星火延伸 10 余公里。机械化的修路设备与铁锨相结合，他们从芦苇塘捞起大块冻土，堆成一条大堤，经过日晒后，用压路机碾平，再铺上从鞍钢运回的矿渣，就修成一条条简易公路。他们还开挖土方 534 万立方米，修建干线 93 公里，井场公路 89108 公里。

有了公路，勘探开展很快。欢喜岭油田勘探结果证实，曙光—欢喜岭等西斜坡油田是大油田。

八

剑指江汉　深谋远虑

20 世纪 60 年代末期，国家处于一个特殊的历史时期。南方，美国在越南燃起战火。北方，苏联在边境线上不断进行武装挑衅。于是，“战备”成了当时喊得最响亮的口号，各行各业的发展都得从未来战争的角度去审视。

石油工业当时已经开发的油田如大庆、克拉玛依、玉门等，地理位置都处在一线，一旦打起仗来肯定首当其冲。而与此同时，广阔的内地缺油，处于三线位置的地区缺油。为此，毛泽东和中央领导曾多次指示，三线建设要抓紧。要在我国的三线地区，找到更多数量的石油来。

特殊的时代背景和政治因素把江汉石油会战摆到了特殊的地位。

1969 年 3 月，全国计划会议在北京召开。周总理在这次会议上，提出要在江汉地区组织一场较大规模的石油会战，并亲自点名由康世恩去具体筹划这项准备工作。4 月下旬，康世恩率人先期到达江汉做调查研究。

1969 年 5 月 18 日，国务院会议室，匆匆从江汉平原赶回来的康世恩，带着一身征尘，向国务院业务组的领导李先念、李富春、粟裕、余秋里等汇报。

6 月 26 日，国务院正式批准在江汉地区开展石油会战。7 月 7 日，康世恩出席了江汉石油会战动员誓师大会。为了保证会战的顺利进行，国务院和中央军委决定，江汉石油会战由武汉军区和湖北省统一领导、统一指挥，生产建设的计划和物资供应工作由石油部负责。7 月 25 日，国家计划委员会、国家基本建设委员会向各有关省、市及部门发出了《关于支援江汉石油勘探会战的通知》。8 月 1 日，江汉石油会战指挥部正式成立。由武汉军区副司令员韩东山任指挥长，康世恩和武汉军区副参谋长张显扬任副指挥长。同时中央还决定，康世恩兼任湖北省革命委员会副主任。临离开北京前夕，周恩来总理在中南海接见了康世恩。

周恩来总理紧紧握住康世恩的手，语重心长地说："要排除各种干扰，坚决把我国内地的这场石油会战打上去。要想办法，保存一支石油骨干队伍，保持石油队伍的好传统和好作风。"

会战初期，康世恩到基层去，有的造反派看见了就说：

“你来得正好，你是石油部最大的走资派，过去我们想批你批不着，今天就给你开个现场批判会。”

康世恩义正词严：“我不是走资派，我是江汉会战指挥部副指挥长，是周总理派我来搞会战的，你们没有资格批判我!”

这事传到张显扬的耳朵里，他非常气愤，发了大火：“这些人也太无法无天了。康世恩是国务院派来搞石油会战的，以后如果再发现这事，别怪我不客气!”

一次，康世恩和张显扬到1832队去检查工作，有几个造反派围了上来，振振有词：“康世恩，你坚持搞唯生产力论那一套，我们今天要先办你5分钟学习班。”

张显扬一听，顿时火冒三丈，他双手叉腰厉声呵斥道：“你们破坏抓革命，促生产，我先派人把你们抓起来，办你们的学习班!”那几个造反派见状心虚，不得不灰溜溜地走了。

一连几天，康世恩走到哪里，张显扬跟到哪里，到哪里都是三句话：“康世恩是国务院派来的，他讲的意见是指挥部党委定的，你们要坚决照办，不得有误。”

当时，部队参加会战的干部比较多，一般都在各单位任正职。韩东山多次在干部会上宣布：“业务工作，主要由懂业务的同志来抓，军队干部不要乱加干涉，过多插手。我们主要是支持康世恩等同志的工作。”

根据康世恩的安排，石油部机关和各油田被“炮轰”

"火烧"的走资派、靠边站的"反动学术权威"、被横扫的"牛鬼蛇神"、受批判的各级干部和工程技术人员随着会战队伍纷纷汇集江汉。他们当中有许多人是被勒令"一不准解放、二不准调走"的，有一些人是"绝对"不能"重用"的，也有的是令人生畏的"反革命分子"。

为了不让他们的业务、技术长期荒废掉，康世恩采用不同的方式，把他们重新安排到各级领导岗位上。

由于指挥 10 万大军，日夜操劳，康世恩本来清瘦的身体更显憔悴，眼睛里常布满血丝。韩东山看到这种情况，提议他找个助手。

康世恩说有个人只怕是调他来有难度，此人是胜利油田的焦力人局长，还没有完全解放，属于控制使用的对象。韩东山斩钉截铁答应由他来办。很快，焦力人便被任命为江汉石油会战指挥部副指挥长，协助康世恩主管生产。

原江汉石油勘探处处长马骥祥，被造反派打成"死不改悔的走资派"，一直被下放在基层"劳动改造"。

康世恩曾专程去看望正在学习班交代问题的马骥祥。一见面，康世恩紧紧握住马骥祥的手，很长时间四目相对，默默无语，最后康世恩只说了四个字："保重身体！"康世恩一到江汉，就让人专门去落实马骥祥的问题。他说："马骥祥我了解，克拉玛依会战时，干得很好，是个人才。"当他听说职工群众自发照顾马骥祥的事后，也很受感动："普通群众能不怕担风险，热心照顾我们的石油干部，难道我们还能继续冷落他们吗?”不久，马骥祥便被任命为第一分指挥部副指挥长兼参谋长，后来增补为会战指挥部党委常委。

李敬，在大庆会战时曾担任钻井指挥部指挥。他从 1946 年在部队时就开始记日记，长达 22 年从未中断过。“文化大革命”中，他的日记被造反派全部没收，他们断章取义，拼凑了一本“李敬反革命言论集”，还据此把他打成“现行反革命分子”。他被批斗了 400 多次，受尽了折磨。

上江汉会战时，造反派用“闷罐车”把李敬押运到江汉，继续实行“隔离”政策。在两条小河间的一个小荒岛上，为他支一顶孤零零的破帐篷。王进喜送队伍到江汉会战，在焦力人的陪同下，他见到李敬。临别，王进喜紧紧握住李敬的手说：“你要坚持住。我想办法把你的情况汇报给康部长。”

康世恩听到这件事后，怒不可遏。他拍着桌子道：“李敬这个人我了解，别人不敢用，我敢!”他马上找来干部组组长唐克伦说：“你们组织人立即把李敬的日记全部看一遍，到底有没有问题，尽快向我汇报。”

不久，唐克伦向康世恩呈交了一份报告，报告中说，李敬的所有日记都认真审查完毕，其思想内容和观点都是正确的，符合毛泽东思想。大量的日记内容，都反映了他对党的忠诚和对石油工业的无比热爱之情。康世恩找张显扬商量，张显扬对李敬出来工作的事完全支持。

几天后，政工组组长张兆美找李敬谈话，说：“李敬同志，康部长让我告诉你，你已经被任命为第四分指挥部第十三团副团长。你快去准备一下就上任。”李敬瞪着眼有些怀疑自己的耳朵。当确信这一切都是真的的时候，一下坐在椅子上久久无语。临别时，他激动地说：“请转告康部长，我一定尽最大的努力做好工作，为江汉石油会战贡献全部力量。”

1969年，张启明突然被莫名其妙地打成“五一六”分子，帽子一戴，就不再让他接触地质资料，派他去放牛。有次放牛时路遇副指挥长焦力人，焦力人回去即向康世恩报告。第二天一早张启明便接到焦力人电话：“别放牛了，赶快回到工作岗位上去。这是康部长的指示。”

谁知时间不长，他又被罚去种菜。

康部长不知怎的知道了这事。一天，地质老总阎敦实特意赶到地头喊：“张启明，要开技术座谈会了，康部长指示说，让你准备一下，第一个发言。”

张启明知道，这是康部长第二次“解放”他。

开会的那天，晒得黑黑的张启明站在后面，不好意思往前去。

阎敦实讲完话后，坐在主席台上的康世恩突然抬高嗓门问：“张启明来了没有哇？”

“来了！来了！”

“来了就往前坐，等会儿听你的发言。”

散会后，康世恩叫住张启明说：“你要相信党的知识分子政策，不管它‘五一六’‘七一六’，只要你心里没鬼，就不要害怕。回去大胆地工作吧！”张启明很是感慨，当时想到的最能代表他心情的一句古语是：“士为知己者死”。

“打”而“不倒”，“倒”而复起的优秀石油干部纷纷被康世恩起用，余群立、王照明、董中林、孙继先、李树荣、程国策等200多名处以上干部先后被“解放”，安排到各级领导岗位上，有力地保证了石油大会战的顺利进行。

有几个靠“打砸抢”起家的造反派头子慌了手脚，他们找到康世恩责问：“你们把那些被打倒的走资派都起用了，那把我们放在什么地方？”

康世恩理直气壮地回答：“放在什么地方？就把你们放在潜江这个地方！”

在潜江这个弹丸之地，搞1亿多吨石油地质储量、建百万吨原油生产能力的石油会战中，康世恩大刀阔斧，动用了比当年大庆石油会战多一倍的队伍和干部。随着时间的推移，回过头去审视，他这样做的目的，是在精心保护一支经过锻炼和考验的石油骨干队伍，为石油工业新的崛起积蓄力量。

1972年江汉会战结束，一次就调出7000多名干部和5万多名技术熟练的工人，到胜利、南阳、长安等油田参加新区石油会战。

为了从根本上消除派性，保证会战顺利进行，康世恩和韩东山、张显扬等领导研究，采取几条非常措施：①会战队伍按团、营、连军事编制，打乱原来各油田的系统；②恢复党团组织生活；③开展“三大讲”，讲形势、讲任务、讲团结。这些有力措施，使各单位原来的“造反派”头头失去了阵地，党的领导加强了，生产迅速走上正轨。

江汉石油会战历时两年 10 个月，到 1972 年 5 月胜利结束，一个年产 100 万吨原油的油田和年加工原油 100 万吨的荆门炼油厂建成了，又一个新的石油基地诞生了，从根本上改善了我国石油工业的布局，揭开了我国中部地区找油找气的序幕。

20 多年后，参加过江汉会战的老同志深有感触地说：江汉石油会战的意义，远远超过了 100 万吨原油，它为石油工业的大发展，从干部上、技术上、经验上准备了充分的条件。

九

河南油田　高效开发

河南油田地理位置在渤海湾盆地的最南部，秦岭大褶皱的北边，是几个大的地块的碰撞结合带，复杂的地质背景形成了较多的中、新生代小凹陷。

江汉石油会战指挥部组织了 5 个地震队、1 个钻井队、1 个试油队和 1 个综合地质研究队到河南省南阳地区开展石油勘探。5 个地震队首先开始对南阳凹陷进行地震勘探，钻井则在仅有重力普查资料的情况下打完了南 1 井。尽管没有油气发现，但解决了一个认识问题，南阳凹陷是一个下第三系的凹陷，且具有相当的沉积厚度，南 1 井井位钻在凹陷的北部斜坡上，根据重力图分析，凹陷的最深处在东南方向，因此部署了南 2 井。1970 年

10 月南 2 井开钻，在下第三系核桃园组发现了厚达 900 米的生油岩，解决了南阳凹陷的生油条件问题，展示了良好的找油前景。

1971 年 5 月，地震勘探结束了野外的地震资料采集，第一时间做出了南阳凹陷地震构造图，这才使得地质家们全面了解了南阳凹陷的基本情况。根据这个构造图以及前两口探井的资料分析，确定了南 5—南 10 井的井位。南 5 井在钻到第三系核桃园组时见到油砂，测井资料显示有 8 米多厚的油层。阎敦实总地质师闻讯从江汉会战指挥部特意赶来，他看到取出的油砂荧光显示很好，决定立即完钻试油。1971 年 8 月 7 日，南 5 井出油。尽管单井产量只有 2.94 吨，但却有非凡的意义。南阳凹陷油气勘探的首战告捷，从第一口探井开钻到发现油田仅用了一年零两个月，这个速度是前所未有的。

这一消息传到北京，康世恩很是高兴。当时他正在参加国务院召开的一个会议，在会上向国务院报喜："南阳发现了工业油流，河南省成为我国的第 16 个出油省份了！"

接着，在南阳凹陷魏岗构造部署的南 6 井也发现良好的油气显示，完钻试油，日喷原油 72.2 吨。南阳凹陷的勘探实践总结出了中小盆地勘探的成功之路，首先要了解、确定盆地的生油区，这一区域通常在凹陷的最深处。然后，在生油区周围选择合适构造集中钻探，寻找各种类型的油气藏。

豫西的石油勘探打开了新局面。1972 年春，江汉石油会战指挥部向燃化部呈报了《关于成立南阳地区石油勘探指挥部的请示报告》，很快得到批复。文件指出，为了加强南阳地区的石油勘探，经部党组讨论，并征得河南省委同意，决定成立南阳石油勘探指挥部。原先承担勘探任务的队伍调回胜利油田，在鄂西探区的部分队伍转战南阳。勘探队伍从湖北建南大山中将设备运到四川万县码头，顺长江而下，到湖北宜昌卸船装车运抵河南。1972 年 4 月底人员陆续汇集到河南省新野县沙堰乡，5 月 1 日在这个乡的学校操场召开了河南石油会战指挥部成立大会，很长一段时间河南油田被称为“五一油田”。

会战初期条件艰苦，没有住的地方，职工们就自己搭席棚；车辆少，吊车更少，井队搬迁时后勤机关干部全体出动。卸车时，没有吊车，职工们想办法先挖好地坑，把车倒进去，让车厢和地面一样平，把大件设备用撬杠一点点撬上去。他们曾用这种办法，创造了钻井队“当天拆、当天搬、当天安、当天见进尺”的奇迹。

1973 年 11 月 7 日，燃化部决定将南阳石油勘探指挥部改为河南石油勘探指挥部，制定了“立足南阳，着眼全河南”的勘探方针。康世恩对指挥杜志福说：“你就扛着钻机在河南省的地盘上到处给我戳，戳出油来，准备好后备战场，我就组织人去会战。”

河南石油会战指挥部坚决贯彻这一勘探方针，在抓紧南阳盆地勘探的同时，组织会战队伍征战泌阳、东濮、中牟等凹陷，甩开勘探。这时，正处在“文化大革命”时期，在极其艰难的条件下，石油勘探取得了可喜成果。南阳地区专员有一次到油田视察问道：“南阳地区其他国营单位都停产了，你们还干得热火朝天，有什么经验?”河南石油会战指挥部领导回答得很干脆：“顶住!”河南因派性发生的武斗不断，许多“造反派”为壮大势力动员石油职工加入，会战指挥部明确规定不许成立或参加任何派性组织；一些“造反派”人物要求召开群众大会，要求在干部大会上发言，会战指挥部坚决不允许：一些“造反派”要停产闹革命，会战指挥部提出勘探部署一点不能变，油气生产一天也不能停。就这样三顶两顶，顶住了闹腾，顶出了一个为油大干的好局面。

1973 年，河南地质局在泌阳一带作了重力、磁力勘探，从重力图上发现了一个像簸箕一样小而隆起的凹陷称泌阳凹陷。1974 年当地农民又报矿说泌阳栗园发现油苗，地质人员到现场取样化验为沥青质原油。这一情况非常重要，河南石油勘探指挥部立即调集两个地震队在泌阳凹陷作地震勘探。因为急于想揭开泌阳凹陷的地质秘密，所以在地震剖面只做出 24 公里的情况下，就在凹陷深部确定了泌 1 井井位。1975 年开钻，在下第三系核桃园组发现厚达 1500 米的生油岩，证实泌阳凹陷具有良好的生油条件。

1975 年，3249 钻井队在甩开勘探中承担了周口店地区周5井的钻井任务，正当钻探到2300米时，驻地遭遇到百年不遇的洪水。听到广播通知后，钻井队召开党员骨干会，决定紧急起钻。电机房进水了，他们用千斤顶支起发电机，用钢丝绳捆牢柴油罐。钻具起完后，洪水已漫过房屋，全队120多名职工和4户家属以及附近的老乡全都挤在钻井平台上。洪水到达高峰时，水面接近钻井平台。粮食吃完了，队长挑了两个懂水性的小伙子，一人喝了一碗面糊，开始在激流中搏击，游了4公里才遇到大堤，赶到县城打电话求救，并从当地粮站借了三袋面粉。就是靠这点粮食支撑，在洪水中坚持12天。石化部领导康世恩、张文彬等经常打电话了解救援工作，因为洪水太大无法靠近，只好紧急从胜利油田调来橡皮筏。领导亲自带抢险队用了两昼夜才把人员全部撤离到安全地带。大水退却后，人无伤亡，设备完好，燃化部因此表彰命名3249队为“英雄钻井队”。

地震提供的泌阳凹陷新构造图上，有一个双河构造，位置有利，处在生油区附近，地质人员就在构造顶部确定了泌4井井位。1976年5月，泌4井获得116.7吨的高产油流。泌阳凹陷的勘探取得重大突破，从第一口探井开钻到第三口探井出油，也刚好是一年零两个月。

石化部决定高效开发河南已经探明的油田，并与河南省政府商定，由江汉石油管理局抽调干部、专业队伍和物资设备充实河南石油会战指挥部。一场产能建设会战在中原大地拉开帷幕，江汉石油管理局局长张兆美受命组织会战，兼任会战指挥部指挥，孙希敬等人担任副指挥，负责日常工作。张兆美率领1200人的先头部队火速赶到会战现场，随后江汉石油勘探局又在一个月时间内，迅速集中了40多个专业队伍、5000多人，连同800多台设备、近2万吨物资，运抵河南油田。从大庆、玉门、新疆、长庆等地调集的10000多名会战大军也陆续集结在南阳。1977年5月1日，河南石油会战指挥部召开了隆重的动员誓师大会。

古老的中原大地，钻塔林立，一场夺油大战如火如荼展开。会战第一个战役是当年在魏岗、双河油田抢建100万吨产能。为了赶时间，工程设计人员吃住在现场，仅用了3个多月时间就拿出两个油田开发建设的全套施工图纸，钻井、油建、管道、电讯各路工作迅速展开。职工中流传了一段顺口溜："为了拿下100万，抢晴天，战雨天，睡够8小时，吃饱三顿饭，其他时间就是干！干！干！"井下作业四队职工在泌7井试油中遇到强烈井喷，井口喷出的油气柱高达20多米。全队职工临危不惧，三次组织突击队抢装井口，有20余名职工先后被带硫化氢的天然气熏倒，最后终于制伏了井喷。会战指挥部副指挥孙麦则看到所有工人的棉衣从里到外都被原油浸透了，冷风一吹瑟瑟发抖，立即打电话联系，后勤部门连夜奔波70多公里，及时送来棉衣、棉鞋。到1977年年底，魏岗、双河油田全面投产，形成了百万吨的原油生产能力。为了解决原油出路，还在南阳建设了一个年加工能力20万吨的小炼油厂。

1978年年底，河南南阳油田生产原油200万吨，为中国石油工业原油年产量上亿吨作出了贡献。1979年，原油年产量达到225万吨，仅用了6年时间就全部收回了国家投资6.9亿元，成为高效开发的一个样板。

十

“八三工程” 地下动脉

1970 年上半年，全国各条战线生产计划完成情况都不尽如人意，党中央、国务院很着急。为此周恩来总理决定，召开有国家计委、经委、石油部、一机部等部委领导参加的紧急会议，研究对策。会议之前，周恩来总理特别委托国务院主管生产的李先念找康世恩谈一谈，寻找一个解决大庆原油外运的初步方案。康世恩听说中央要下决心解决大庆原油外输这一难题，显得很兴奋。他滔滔不绝地介绍了世界运输业的发展变化，除了传统的铁路、公路、水运、航空四大支柱产业外，管道运输后来居上，成为第五大支柱产业。而我国，长距离大口径的管道运输业还是个空白，必须迎头赶上。要解决大庆原油的出路，非管道莫属。

在紧急会议上，余秋里等人也认为应当在东北地区修建几条长距离原油输送管道，不仅从根本上解决大庆原油出路问题，而且可以缓解东北地区铁路运输的紧张局面。从经济上分析，管道建设比铁路建设投资少，占地少，周期短，污染小，更重要的是有利战备。

周恩来总理最后果断拍板，同意建设东北输油管道，国务院可先发个通知，首先用一年多的时间把大庆至抚顺的输油管道抢建出来。

1970 年 8 月 3 日，沈阳军区第四招待所，中国首条大口径长输管道建设筹备会议在这里召开。沈阳军区司令员陈锡联主持了会议，参加会议的有燃化部副部长唐克，黑龙江、辽宁、吉林三省革委会负责人，省军区负责人及大庆革委会负责人等 28 人。会议宣布经沈阳军区和燃化部协商，成立大庆至抚顺输油管道工程领导小组。组长由沈阳军区副司令员肖全夫担任；副组长由沈阳军区政委李少元、燃化部副部长张文彬、沈阳军区副参谋长罗坤山担任。肖全夫提议，为了保密，把这项工程以第一次领导会议的日期命名为“八三工程”，得到大家一致赞同。

会议确定的事项立即上报国务院、中央军委。8 月 15 日，国家计委就“八三工程”下发了《抢建东北输油管线问题会议纪要》，参加管道建设的有 20 万人之多，一场特定历史时期的人民战争打响了。

1970 年 9 月，“八三工程”专门召开有关部门、生产厂家的联席会，把整个工程所需要的6000多台（套）设备和标准件的制造落到实处。

管线建设大军辗转集结到工地后，碰到的第一个难题是没有大口径钢管。国家一次性拨给“八三工程”几万吨8毫米的钢板，当时全国只有宝鸡一个生产钢管的基地，但是“八三工程”所需的直径720毫米的大型钢管，他们从来没有生产过。张文彬带人到宝鸡石油钢管厂调研，看了苏联援建的630毫米焊管机组，也看了厂里职工自己设计制造的219毫米焊管机组，受到启发，决心自己动手解决“八三工程”需要的机组。他多次找来技术干部，与他们一起研究怎样进行技术改造，才能试制直径720毫米的管子，他还要求技术干部绘出建造制管机所需的全部图纸。

回到沈阳，张文彬对肖全夫汇报说：“宝鸡钢管厂用了两年多时间才建了一个厂，还没有完全投产。经测算，我们必须在今后的4个月时间内一口气建成7个钢管厂，才能保证全线工程所需的钢管。任务很艰巨，非得采取特殊措施。”

肖全夫以军人的果敢直接拍板：“我们学习大庆大会战的经验，把任务分到各省，搞制管机会战。”任务连同全套图纸分配下去，辽宁省4台，黑龙江省2台，吉林省1台。肖全夫下了死命令，4个月内必须造出合格的制管机生产线，每天各省都要专门报告此事进展情况。

大连起重机厂仅用3个多月时间就率先制造出制管机，消息传来，肖全夫兴奋地说：“立即发个电报祝贺一下！”一个月后，其余制管机陆续投产。这是一个前所未有的奇迹，在不到半年的时间里，在毫无制管基础的东北大地上，一下子诞生了 7 条大口径钢管生产线。制管机组造出后，“八三工程”指挥部给各厂下达了生产任务，1971 年 4 月，第一批合格钢管出厂；6 月中旬，“八三工程”所需的全部钢管生产完毕，运到工地。

在管线建设中，三省各级党组织按照“八三工程”宣传动员提纲认真发动群众，管道沿线的群众以参加“八三工程”为荣，父送子，妻送夫，出现了许多感人的场面。经过严格挑选，18 万基干民兵浩浩荡荡开进施工现场。这是一次真正意义上的人民战争，辽阔的东北大地，长达 600 多公里的管线施工工地，到处是飘扬的旗帜，到处是紧张劳动的场面，口号声、歌声连成一片。晚上，民兵们点起篝火夜战，火龙蜿蜒不见首尾。半个多月的时间，18 万民工艰苦奋战，用一锹一镐完成的土石方工作量竟达 600 万立方米。

在工程最为艰险的江河穿越、地下隧道、油罐基础等项工程中，人民解放军挑起了重担。沈阳军区出动 8 个师、3 个工程团、3 个汽车团等兵力，和管道建设者们一起奋战。“八三工程”最难啃的一块硬骨头是嫩江穿越。发源于内蒙古的嫩江在东北与松花江汇合流入黑龙江。穿越的地点定在马克图渔场一个叫白银花的地方，这里河流宽约 430 米，水深 14 米，地质条件符合工程要求。1970 年 9 月底，施工大军从四面八方汇集到嫩江穿越点。这项工程的严峻性首先在于时间的苛刻，夏日的嫩江波涛汹涌，无法施工，只有过了汛期以后才行。而资料又记载着嫩江的冰冻日期是 11 月 6 日，也就是说穿越工程的有效施工时间仅有 40 多天，如果封江之前不完工，整个工程将整整推后一年。

嫩江江底流速达每秒 1.26 米，用什么方法施工，没有可借的经验，只有实验攻关。第一次采用挖泥船挖沟失败，原因是江底沉积层很结实。第二次采用水下爆破法失败，潜水员深入水下检查，爆破只能炸出坑，而不是沟。第三次调用两台大型抓斗船实验，获得成功。经过 6 天 6 夜突击，终于在江底挖出了长 430 米、深 4 米的管沟。接着施工队伍把 720 毫米管线分段焊接试压，合格后再套上 830 毫米的保护套管，整体连接后又装上滑轮、钢丝绳等，牵引穿越。11 月 5 日，经过 20 多个参战单位的携手奋战，管线穿越一次成功。11 月 6 日，嫩江江面雪花飞舞，气温骤降，人们抓紧时间完成工程收尾工作，为了防止过江管线冻裂，从 720 毫米管线两端注入了上百吨柴油。

1971 年 2 月，管道敷设会战全面展开，由于没有专门管道建设队伍，“八三工程”指挥部从 8 个单位抽调了 2800 多人，组成了三个管线施工大队，这也就是以后管道局各个公司的前身。大庆油建三队承担了黑龙江省境内 160 公里管线的敷设；四川油建一大队承担了吉林省境内的 306 公里管线的敷设；辽宁石油五厂、六厂、锦西化工厂等单位抽出骨干力量组织一个大队，承担辽宁省境内的 194 公里管线敷设任务。施工现场，电焊机、吊装机、推土机、发电机阵阵轰鸣，扫线、布管、对口、焊接、探伤、补口、防腐一道道工序有条不紊地进行。6 月底管道敷设全线完工。

整条线路 13 座泵站的安装战役又是一场硬仗。为了取得施工经验，肖全夫和张文彬研究决定，在吉林省和辽宁省境内搞试点，取得经验后再全面铺开。大庆的五大标兵之一朱洪昌等人带着队伍来到会战前线，夜以继日奋战，只用了不到两个月时间，提前完成了建站、安装任务。8 月 1 日，在吉林蔡家泵站进行输水试验，这是一次事关全线泵站建设能否成功的重要试验，随着一声令下，各种设备开启，输水，加压，一次成功，泵站内外爆发出阵阵欢呼。随后，建设者一鼓作气，在短短的 20 多天时间里拿下了其余 11 座泵站的建设任务。8 月下旬，各泵站开始单机试运。

9 月 23 日，长输管线开始输水联运，6 万多立方米的水注进管线，逐步升温、憋压，连续运转 220 个小时，暴露出各种问题 73 个。随后，各级工程指挥部组织认真整改，并进行人员上岗培训，建立严格的岗位责任制。1971 年 10 月 30 日，大庆原油正式注进庆抚线，经过 9 个昼夜的运行，于 11 月 7 日，顺利到达抚顺，一次投产成功。中国第一条大口径、长距离原油输送管道比计划提前两个多月建设成功。这条地下钢铁长龙，不仅填补了我国运输业的一个空白，而且创造了许多历史纪录。在东北高寒地区，这条管线从开工到投产仅用了一年多时间，建设速度之快，国内首创。这条管线途经3省13个县市，穿越嫩江等河流145次、山岭15座、铁道线24条、公路107处，开凿专用隧道2处，拥有加热泵站13座，5000至10000立方米的储油罐33个，工程总投资2.95亿元，每年输油能力2000万吨，相当于火车1万多列车次的运输能力。

在庆祝庆抚长输管线投产成功的大会上，南征北战的将军肖全夫动情地说："庆抚线胜利投产，是工农兵齐心协力和全国各行各业开展社会主义大协作的胜利，我代表'八三工程'领导小组，向所有参与工程的建设者表示衷心感谢！"

第一条长输管道建成，坚定了党中央、国务院领导在中国发展管道运输事业的决心。接着，给"八三工程"指挥部下达了一项又一项新的命令。从1971年年底到1975年年底，"八三工程"指挥部领导和建设者，辗转东北大地，陆续修建了大庆至铁岭复线、铁岭至大连、铁岭至秦皇岛、抚顺至辽宁电厂、抚顺至鞍山、盘山至锦西以及中国到朝鲜等8条地下输油管线，管线总长度累计达2471公里，途经4省21市19县，使东北地区在全国率先形成了布局合理完整的输油管道网，为大庆油田、辽河油田、吉林油田长远发展打下了坚实的基础。

1975年9月28日，"八三工程"建设指挥部在大连召开铁岭至大连管道投产庆功会，康世恩主持会议并发表了重要讲话，石化部专门发来贺电。

中国第一条原油长输管道的设计、施工组织严密，要求严格，工程质量是一流的，原设计使用寿命 20 年，到年限后挖开检查外防腐质量十分好，毫无破损，至今仍在安全运行。

在东北输油管道建设的同时，为确保西藏少数民族地区经济发展和国防建设，由中国人民解放军总后勤部负责建设的从青海格尔木至西藏拉萨输送成品油管线，被列为国家重点工程。经周恩来总理批准，这条管线于 1972 年勘察设计，1973 年开工建设，在数万名解放军指战员和石油职工的艰苦奋斗下，战胜了恶劣的自然环境，于 1976 年建成了这条平均海拔高度 4000 多米、长达 1000 多公里的管线，可以输送汽油、柴油等成品油。

1974 年，胜利油田的原油产量已达 1250 万吨，原油外运成了制约生产的难题，燃化部向国家计委呈报了《关于修建鲁宁输油管道的报告》。12 月 26 日，毛泽东主席在他 81 周岁生日的这一天，在呈送的报告上画下了一个大红圈，这也是众多输油管线中唯一经毛泽东主席亲自圈阅的。

1975 年 2 月，鲁宁线开始建设。1978 年 7 月 19 日，胜利油田的原油进入山东临邑首站，一路南下，7 月 26 日抵达江苏仪征末站，成为我国南北能源流通的地下大动脉。

十一　十年动乱　艰难创业

大庆油田从1964年年底到1966年，坚持“两论起家”精神，认真学习“两分法”，戒骄戒躁大步前进，油田管理和生产得到全面发展。到1966年年底，建成产能1300万吨，原油产量达到1060万吨，生产管理井井有条，财税上缴15.38亿元，成为全国上缴财税最多的企业。

然而，就在大庆油田全面发展的时候，史无前例的“文化大革命”开始了。这次“革命”，给石油工业的发展带来严重灾难。1966年11月，大庆召开油田技术座谈会，从北京来了一批红卫兵，认为开这样的会是“埋头拉车不看路”，就把会场冲散，研究被迫停止。12月26日，大庆机关“造反派”召开点火大会，揪斗会战领导，会战党委班子瘫痪。

接着，各造反派团体分头批斗基层队以上的干部，连班组长、标兵模范也没有幸免。“铁人”王进喜也被说成是“假标兵、大工贼”，带上高帽子游街示众。当时，受到批斗的厂处级干部有 300 多名，有近 3 万名基层干部和标兵被批判，有 6000 多人被关进“牛棚”，有 200 多人被斗致死，那真是一段“黑云压城城欲摧”的恐怖岁月。

一时间，一切是非都被颠倒歪曲，大庆被说成是“修正主义路线树立的黑典型”；“两论起家”的基本功被说成是“走资派的黑经验”；岗位责任制被说成是“套在工人脖子上的枷锁”；“三老四严”被说成是“奴隶主义”。造反派夺权后，党的组织全部瘫痪，生产指挥系统被砸烂，各项规章制度被取缔，科研部门被解散，整个油田处在混乱状态。在这种情况下，广大工人和干部作了坚决抵制。有的干部接受完批判，连造反派画的黑脸也顾不得洗，就上工地处理和安排生产工作。中一采油队的造反派把墙上的岗位责任制撕掉了，他们说：“什么时候了，还执行这些东西”。老工人王友全却理直气壮地说：“岗位责任制是我们用血换来的宝贵经验，你们撕掉墙上的，撕不掉我心里的”，他一直按照岗位责任制的规定进行工作。

大庆油田这种混乱情况很快传到北京，周恩来总理向毛泽东主席作了汇报。为了维护油田正常开发建设程序和工作秩序，中共中央、国务院和中央军委发出《关于大庆油田实行军事管制的决定》，决定重申了“大庆油田是在伟大的毛泽东思想哺育下成长起来的我国工业战线的典型”。1967年3月27日，中国人民解放军沈阳军区某部进驻大庆。

当时，大庆油田生产受到严重影响，工程质量下降，油田地下形势恶化，事故不断发生，原油生产出现了极为被动的局面。新投入开发的杏树岗油田，在没有设计方案的情况下就投入全面生产，造成油层压力迅速下降、油井产量下降和含水率上升的“两降一升”的状况。这种情况，不单发生在杏树岗油田，整个油田地下形势也开始恶化。由于对注水缺乏研究，也没有采取必要的措施，油田含水很快从29%上升到53%。全油田经过测试，65个开发区块，有38个出现低压区，占开发总数的58.5%。油田产量下降，1968年9月，油田日产量由3.6万吨降至1.8万吨，1970年全年第一次出现欠产18万吨的情况。当时主持一线生产的副部长唐克愤然疾呼：“这是奇耻大辱！欠产18万，大庆怎么办?”那几年，各类生产事故不断发生，大庆缝补厂和器材供应处的橡胶库被一把火烧了个一干二净，损失数百万元；大庆炼油厂加氢车间发生大爆炸，死亡职工达50余人；1968年一年就发生事故211起。尽管这样，一些造反的人还鼓吹什么“三年不搞科研照样出油”“要彻底砸烂资产阶级管卡压”；他们不断制造新的悲剧，对宋振明、陈烈民等他们认定的“死不悔改的走资派”，动不动就开批斗会，进行种种体罚。在这种十分严峻的形势下，为了捍卫大庆红旗、保卫大庆油田，“铁人”王进喜置个人安危于不顾，带着大庆工人的嘱托，于1970年年初来到北京。他要找上级部门，要找周总理反映大庆的真实情况。

石油部军管会主任王星听取了王进喜的汇报。王进喜谈得头头是道，有数据，有分析，谈到动情处，这位在大庆石油会战中被誉为“铁人”的铮铮男子汉竟然掉下了眼泪。

石油部军管会根据王进喜反映的情况迅速整理了一份《关于大庆油田生产情况的报告》，详细列举了大庆油田生产出现“两降一升”的严重情况和应采取的措施，上报国务院。周总理对大庆的情况一直非常关切，曾多次忧心忡忡地说：“大庆是毛主席树起的红旗，大庆出了问题就是大问题，不好向毛主席交代。”见到这份报告后，周总理迅速作了“大庆要恢复两论起家基本功”的批示，其苦心是要大庆把被动生产局面扭转过来，把原油生产恢复上去。同时指示石油部要派人到大庆去，帮助解决问题。

余秋里知道王进喜反映的情况后，深为忧虑。周总理打电话让他确定一个人带队去大庆蹲点。在那个特定的政治环境下派谁去合适，余秋里想到石油部副部长孙晓风，直接点名让他带一个工作组，一起帮助大庆扭转混乱局面。

孙晓风到大庆后，首先层层召开会议，大张旗鼓地传达周总理的批示，使广大职工振奋了精神，明确了方向。为了扭转原油生产的被动局面，恢复两论起家基本功，孙晓风从玉门请来老工人报告团，讲传统，讲革命、生产的关系，到现场亲手示范。经过耐心工作，讲明利害关系，在大庆革委会的同意下，组织了一次“八四三”会战，即抢建、抢修843口油水井。这次会战是“文化大革命”中第一次大规模的生产建设活动，广大石油工人特别兴奋。1万多名油建工人连夜收拾行李，奔赴前线施工。采油工人在修井中，由于设备多用在战备上，就用人力提拉油管，使上百口躺倒的井迅速恢复了生产。到1970年年底，累计抢修、抢建油井682口，注水井190口，到10月杏树岗油田也有3个新区块投产，从而基本上扭转了油田产量下降的被动局面。

孙晓风和张文彬还以工作组的名义，多次要求大庆革委会解放宋振明、陈烈民等懂生产、会管理的领导干部，要求恢复科研单位，均被推托。

相反，却有人在暗地里告黑状，说孙晓风带的工作组到大庆是“搞复旧”“以生产压革命”，并质问：“是谁把两论起家基本功丢了？这个问题要说清楚。”还有人曲解周总理恢复两论起家基本功的指示说：“两论起家基本功就是大练继续革命基本功”，于是大力推行所谓的“育人建队”的经验，组织“天天读，雷打不动”。还有少数造反派胡说王进喜的汇报不实，“周总理受骗了”。他们多次围攻王进喜，甚至到外地开会时也揪住不放，引起了兄弟油田代表的强烈愤慨。王进喜在造反派的折磨下，病情急骤恶化，在返回大庆的途中住进了北京医院。1970年11月15日，王进喜在北京逝世，终年47岁。他为了祖国的石油事业，真的少活了20年。

在党中央召开的第九次全国代表大会上，毛泽东主席提出："要开成一个团结的大会，胜利的大会"，从此开始解放干部，而大庆却迟迟不肯行动。周恩来总理曾询问过李先念副总理："大庆油田不是有个有才华的年轻干部嘛，他解放了没有?"李先念说："他叫宋振明，还没有解放。"此后，国务院办公室先后三次点名要大庆革委会解放宋振明。1971年6月，在大庆党代会上宋振明被直接选举为大庆党委副书记，随后被任命为革委会副主任。复出后的陈烈民等一批老干部，也被委以重任。

针对大庆油田开发建设中出现的问题，宋振明、陈烈民首先组织万名技术干部、生产骨干深入一线，连续开展两次大规模的地下情况专题调查，充分掌握第一手资料。在汇报时，谈到了油井管理中的问题，造反派听了后大为不满，认为是以生产管理中的小问题否定"文化大革命"。地质技术干部对此既担心又害怕。会后，宋振明把有关人员叫到办公室，详细核实了情况，鼓励说："你们不要怕，天塌下来，我个子高，给你们顶着!"在随后召开的技术座谈会上，他避开造成地下情况恶化的原因和责任，要技术人员赶快研究对策，确定了加强油田地质工作的重要技术措施，并迅速组织落实。使全油田的油水井利用率、资料准确率都达到新水平。

为了从根本上扭转杏树岗油田开发的被动局面，在调查研究的基础上，从1972年起，宋振明等人组织技术干部进行专题科研攻关，从开发方案到工艺技术都进行了调整。首先，精心组织投产700余口油井；其次，调整注水井网，由行列注水改为面积注水，抢投注水井200口，逐步提高注水量。经过三年调整，杏树岗油田日注水量增加了76%，原油日产量增加了34%，出现了一批高产油井。

1971年，宋振明刚被解放出来，他深感油田管理上出现的混乱是否定岗位责任制引起的恶果，就亲自带领干部，到采油队蹲点开展恢复完善制度的调查研究。首先，总结树立了中一采油队、四十九采油队等严格执行岗位责任制的典型，修订和完善了采油工人岗位责任制，在此基础上先后完善了井下作业、机械加工等120个工种的岗位责任制。接着，恢复了中断四年之久的第51次岗位责任制大检查。1972年6月，还开展了岗位责任制建立十周年总结活动，重申岗位责任制是管好油田的根本制度。并在《大庆战报》头版头条刊登调查报告《毛主席咋说咱咋办，坚持大庆精神不动摇》，该报告有理有节地指出："要自觉从严，落实在各项工作中"；"坚持科学态度，开发油田，管好油田"；"要健全各项规章制度，使管理工作有章可循"；"抓基层，打基础，苦练基本功"；"狠抓队伍建设，发挥党支部战斗堡垒作用"。这一切，在"文化大革命"尚未结束的时候响亮地提出，不仅是难能可贵，而且把大庆从颠倒是非、混淆黑白的泥潭中解放出来，使大庆生产建设得以健康发展。

"文化大革命"对科研工作造成很大的破坏，大庆油田

18个科研单位、技术部门，拆散了9个；油田科研办公室从40多人减少到2人，油田地参部100多人也只留下2人，使科研工作中断了5年。宋振明、陈烈民恢复工作后，刻不容缓地抓了科研工作的恢复，把拆散的机构重新组织起来，把下放劳动的技术干部请回来，把中断了的科研项目重新搞起来，把年度科研计划与生产计划一同下达，很快扭转了被动局面。

宋振明、陈烈民深感加强基层建设、配好基层干部的重要性。由于当时政治形势所限，还不能全面落实干部政策，就把一部分还没有解放的干部，先调到生产一线或二级单位，负责一些单项工作，这对当时恢复正常生产秩序起了很大的作用。邓小平复出后，提出了各方面都要整顿的一系列方针、政策，宋振明和陈烈民就不失时机地对二级班子进行组织整顿。共调整处级干部135名，大队干部615名，还有2415名基层干部，把那些派性严重、思想作风不正、混进班子的打、砸、抢的人作了组织处理。在此基础上，又抓了思想作风整顿，强调："队伍好不好，关键在领导；班子行不行，先看前两名"。领导班子的思想整顿，对恢复和发扬党的优良传统、稳定队伍、推动油田生产发展发挥了关键的作用。

大庆"恢复两论起家的基本功"，顶住"四人帮"的干扰破坏，使油田生产的正常秩序得以稳定，产量持续增长，到1976年，年产原油突破5000万吨，撑起了中国石油工业的半壁河山。

由于“文化大革命”造成的动乱，煤炭和化肥生产都遭到严重破坏，担子很重，康世恩每天晚上都工作到深夜。经常在夜深人静时，周总理找康世恩紧急谈话，每次谈话的内容都是要煤、要油。

当时，中国的铁路运输已经处于半瘫痪状态。为了保证一些大城市、大电厂的用煤，日理万机的国家总理不得不当上“煤炭运输调度”。亲自打电话指挥调动列车，一个站一个站询问运输情况。有一些地区，因为闹派性大打出手发生武斗，为了使列车顺利通过这些“重灾区”，周总理还得调动军队保驾护路。“四人帮”之流，一方面大批“唯生产力论”，在政治上给周总理发难；另一方面，设置种种难题，南北呼应，唯恐天下不乱。上海的马天水，隔三岔五就给周总理发急电，说上海电厂没有煤炭库存，如不运来救急，上海就将停电，陷入一片黑暗。辽宁的毛远新有一次发电报给周总理说，因为没有煤，辽宁许多电厂已经停电。发电报的电，是用手摇发电机发出的。

周总理每次找康世恩谈话，都希望石油部门要多出油，以油代煤，缓解国家能源紧张的局面。1970 年，全国用于燃料的原油已达 1075 万吨，比“文化大革命”前的 234 万吨增加了 4 倍。此后，烧油量猛长，5 年后已经达到 3000 万吨，占全国年产量的 1/3 以上。

烧油，是康世恩最心疼的事了，真如同用刀割他身上的肉，点点都牵动他的神经。一次，上海电厂因无煤烧要停电，国务院生产组主管能源口的袁宝华找到康世恩问："怎么办?"当时，正好有一艘运往南京炼油厂的油船停泊在吴淞口，不得已，康世恩只好同意将那船油就地烧掉。

事后，他感慨了好久："烧油，损失太大了。这船油若是加工出来，价值要翻好几番哩!"

1972 年以后，中日关系正常化。为了给国家换回宝贵的外汇，周总理又决定从 1973 年开始出口石油，第一年安排的指标是 260 万吨。

石油工业为了适应特殊时期国民经济的紧迫要求，原油产量以每年递增 20%的高速度发展。1972 年 10 月，国务院根据全国形势的发展需要，作出了提前开发大庆喇嘛甸油田的决定。

喇嘛甸油田，是大庆油田的一部分，在会战初期就落实了含油面积和储量。它的大致含油面积约 100 平方公里，但提交的探明储量却有 4.8 亿吨，占大庆当时提交总储量的 1/4，是一个构造好、储量多的"肥"区块。当年编制大庆开发方案时，周总理专门指示，要拿出一些"肥"区块作为战备油田储存起来，以应急需。1972 年周总理不得已作出了提前开发大庆喇嘛甸油田的决定，充分说明当时国民经济已经到了危急的状态。

喇嘛甸油田会战是顶着"四人帮"的政治压力进行的。1974 年，"四人帮"利用"批林批孔"运动，把斗争的矛头指向周总理，大肆叫嚷批“唯生产力论”，一时间“只抓生产不抓革命”，“以生产压革命”的帽子满天飞。宋振明等到前线调研时，采油二部指挥蒋其恺忧心忡忡地汇报说：“现在有一种说法，小干小错，大干大错，不干没错。前线工人们不仅反感，还非常气愤。”宋振明即席插话说：“那你们就理直气壮地讲，大干没有错，大干有理；大干没有罪，大干有功；不干，半点马列主义都没有，不干，才是最大的错误。”后来，他又进一步琢磨完善，在喇嘛甸油田会战前线提出了“大干社会主义有理！大干社会主义有功！大干社会主义光荣！大干了还要再大干！”的口号。“四个大干”的口号，极大地鼓舞了参加会战的石油职工的革命斗志，他们夜以继日大干，创造了一个个生产新纪录，因为他们懂得国家需要油，需要建设油田，把原油采出来，必须汗珠子摔八瓣，实打实地干。

为了鼓舞职工士气，会战前线层层评选先进。1974 年 9 月，大庆党委召开了喇嘛甸油田表彰庆功会，十几万职工群众参加，会战中涌现出的几百名劳模披红挂花，乘坐在 100 辆卡车上；从中选树的十大标兵周占鳌、屈清华、吴全清等人披红挂花，由油田领导陪同分乘十辆敞篷吉普车在前，围绕百里油田进行了整整一个下午的大游行。每到一个地方，职工家属就像当年慰问胜利归来的子弟兵一样，敲锣打鼓，载歌载舞。“大干社会主义有理！大干社会主义有功！大干社会主义光荣！大干了还要再大干！”的口号声此起彼伏，响彻油田。喇嘛甸油田和任丘油田的勘探开发，使我国石油产量迅速上升。

“文化大革命”十年，百业艰难，而石油工业在周恩来、李先念等中央领导的支持和关心下，竟奇迹般地创造了高速度发展。全国石油工业，从 1967 年到 1976 年原油产量由 1387.6 万吨上升到 8715.5 万吨，平均年递增 19.6%，为动乱中保持国民经济的运行发挥了重要作用。这是在特殊历史条件下，百万石油职工辛勤劳动的产物，也是康世恩等石油战线老领导智慧和心血的结晶。

十二

渤海2号　沉重教训

20世纪70年代，我国一方面大张旗鼓提倡自力更生，一方面也在世界范围内积极寻找和购买海洋石油勘探开发装备。西方国家认为，中国的海洋石油技术装备非常落后，短期内很难有所突破。他们表现得颇为“慷慨大方”，纷纷与中国做生意，“狮子大张口”，奇货可居。“富士”号就是这时购进的。

1979年11月25日，从日本进口的二手船“富士”号更名为“渤海2号”钻井平台，在完成钻井作业以后由原井位迁至航距117海里的新井位。

为安排“渤海2号”迁移拖航任务，1979年11月22日上午，石油部海洋石油勘探局总调度室负责人主持召开了拖航会议。

1979 年 11 月 25 日，“渤海 2 号”在拖船的时候，渤海海面上刮起了 7 至 8 级大风。但“渤海 2 号”是花外汇从日本进口的，抗风能力应当比国产的钻井船强。然而，这条二手船并没有给海上作业工人带来丝毫生命安全保障。

当时船上未收到任何气象台发布的大风警报，而在渤海湾阵风乍起乍落也是常有的事。因此，在现场的拖航领导小组还是决定让 8000 马力的“滨海 282”拖轮带上缆，继续实施拖航作业。不料，风越刮越猛，到了晚间阵风达到 11 至 12 级。海浪随风起舞，有如排山倒海一般，整个大海都在翻腾。

“渤海 2 号”在风浪中颠簸摇晃得厉害，一会儿向这边倾斜，一会儿向那边倾斜，凶猛的浪头一个接一个冲向甲板，扫荡着甲板上的一切。当时钻井平台上有 74 人，包括拖航小组现场指挥康于义、吴洪兴在内。钻井队长刘学在甲板上指挥抢险，人们都忙着加固甲板上的物件，并严防海水进入舱室内。

但人之力怎么着也无法抵御海之力，几个巨浪扑上甲板，猛地将两只通风筒盖掀开，海水咆哮着从通风筒口涌入舱内，在甲板上形成巨大的漩涡。大家立刻抱来棉被堵漏，一床床棉被竟像一片片树叶被漩涡吞没。

霎时间，底舱被灌进了大量海水，应急发电机也被淹没，整个平台漆黑一团。拖航指挥者显然意识到了眼前的危险，见甲板迎着风浪，舱内进水太猛，立即做出“滨海 282”拖轮调转航向的决定，企图让钻井平台高大的生活楼替甲板挡浪，不想事与愿违，就在扭身拐弯的过程中，“渤海 2 号”被狂风巨浪掀翻，沉入到了海底。

“解缆救人!”“滨海 282”拖轮接到了“渤海 2 号”发来的最后一道指令，拖轮上响起急促的警铃声。所有船员都来到后甲板，原本巍然高耸的钻井平台倏忽消失了，只能瞪大眼睛在黢黑的海面上搜救落水人员。船员好不容易见到漂过来一只救生筏，立即甩出个绳索，有位落水者将这根救命绳紧紧缠在胳膊上，将其拉上来以后，救生筏又被海浪冲走，眨眼之间再也找不到了。

接着，发现船舷边有个落水者牢牢抱住一个防碰垫，迅速将其救起。此后，直到天光大亮，在“渤海 2 号”翻沉的附近海域再也没有找到一个生还者，包括出动海军军舰前来搜救，所捞起来的都是死难者的遗体。在该钻井平台上的 74 名海洋石油早期勘探者中，只有两人幸存下来，一个名叫王墨林，一个名叫阎学军。

这次事故轰动海内外，国家财产蒙受重大损失，72 名朝夕相伴的弟兄突然被大海吞没，死难者家属在海边呼天抢地的哀哭，让每一个海洋石油人心里都在淌血。作为主管石油工业的国务院副总理康世恩，在得知“渤海 2 号”钻井船翻沉的报告后，受到极大的震动。

康世恩一方面向李先念副总理作了汇报，一方面要求石油部迅速查明翻沉原因，处理好善后工作。以后他又多次听取汇报，指示石油部领导严肃对待这一重大问题。他认为，自己多年来领导石油部工作，出了这么大事故，造成这么大的人员伤亡和财产损失，自己是有责任的。他从内心里深感内疚和痛苦。

国务院会议在听取石油部和其他有关各方的报告后，决定接受宋振明的请求，提请全国人大常委会批准，解除石油部部长的职务；国务院主管石油工业的副总理康世恩，对这一事故负有直接责任，决定给予记大过处分。对于国务院的处分决定，康世恩深表拥护，并在国家经委党组扩大会议上就自己思想作风作了沉痛检查。石油部每个党组成员都进行了自我批评，并召集各主要油田的负责同志来京座谈，听取批评建议。宋振明还在《人民日报》上公开向全国人民作检查。

社会舆论的谴责一时铺天盖地，国务院主管石油工业的副总理和石油部长都被问责，海洋石油勘探局局长马骥祥等4名责任人被判承担刑事责任。但是直接造成这次事故的很多重要情节都被忽略了，“渤海2号”翻沉的深层次原因也没真正找准。

最关键的，当时的批判也好，审判也好，都缺乏应有的海洋思维，全是以陆上的常规思维推断海上发生的事情，并且是在沉船尚未打捞的情况下就匆匆作出了结论。几位被送上法庭的当事人，一想到72位死难弟兄就难过得不行，不管法庭怎么判都没有意见，也没深思发生这场灾难的真实原因究竟是什么。

为使石油工业走出徘徊不前的困境，1982 年 2 月，中央决定康世恩回石油部兼任部长。“鉴于近两年来康世恩同志在石油工业部的工作卓有成效，国务院决定撤销对康世恩同志记大过的处分。”1982 年 6 月 15 日，国务院发出撤销康世恩处分的通知。这以后，国务院领导多次对康世恩讲，“渤海 2 号”事故以后不要再提了。

“渤海 2 号”翻沉后，为了从技术上弄清“渤海 2 号”翻沉真相，全国人大常委会作出决定，打捞“渤海 2 号”沉船，委托有关权威部门进行模拟试验，组织有关专家在青岛现场进行分析。

经过一年多的奋战，1982 年 7 月，交通部烟台海难救助打捞局终于将“渤海 2 号”钻井船分割成十大块打捞上岸。1982 年下半年，六机部 702 所、上海交通大学、中国船舶科研中心、海洋石油勘探研究院等有关科研单位，对“渤海 2 号”翻沉进行了反复的实物科学技术鉴定、船模试验和电子计算机模拟试验，基本查清了该船翻沉的真实情况，与船体未打捞前的分析有很大的不同。

其一，从打捞的实物证实，全船甲板上共有 10 个通风筒，被风浪打掉 4 个，大量海水涌入泵舱、机舱，动力机械停止运行，无法排水，造成船体负荷迅速增加，丧失了稳定性，导致在风浪中沉没。

其二，船体设计上存在严重缺陷。该钻井船是 1968 年由日本制造的，主甲板通风筒设计很不完善，通风筒的船体基底太低，没有风雨密封关闭装置，通风管道没有水密封舱隔离阀。其心脏舱室——机舱、泵舱又毫无遮蔽，是一个没有隔离间的通舱，也没有设计应急的排水系统和发电设备。这种设计缺陷，造成通风筒一旦破损，海水涌入后就毫无抵挡能力。

其三，中国船舶科研中心和上海交通大学经过船模试验和计算证实，“渤海 2 号”当时拖航状态的完整稳定性和干舷（船体露出水面部分）均大于规范规定和该船载重证书安全标准。当时拖航状态按计算可抗 12 级台风，如果 4 个通风筒不被打掉，或打掉后有密封装置，是不会在 10 级大风下冲击翻沉的。

因为中央领导讲过“渤海 2 号”事故不要再提了，康世恩和石油部领导知道这些情况后，并未将这些新的情况向上报告。

“一条不合格的钻井船，在渤海湾翻沉。”有关权威部门通过模拟试验得出结论。无可辩驳的事实证明，导致这次事故的一个重要原因是这座进口钻井平台存在致命的缺陷。该船在日本使用期间就曾出过事故，被卖主刻意隐瞒下来。其中直观就能发现的重大破绽，整个底舱连一堵隔水墙都没有，以致两个通风筒盖被掀掉，整个底舱立刻成了水舱。

“人在船在。”生还者王墨林和阎学军介绍说，当时整个平台上的人都抱定决心，采取了一切能够采取的抢救措施，却最终葬送在日本制造厂家这个不可饶恕的疏忽里。

按理说，当时也应该理直气壮地把日本人拽上被告席，依法索赔中国蒙受的惨重损失。可是在那个封闭的年代，我们既不懂得用国际标准衡量这件二手货是不是合格产品，也不懂得捍卫购买者享有的权益，甚至连索赔的意识都还没建立起来。

参与青岛现场沉船调查的一位技术人员说，还有一个被忽视的鲜为人知的重要细节。该船通风筒连接螺栓直径过小，强度不够。底座法兰的螺栓孔直径和螺栓配合不符合要求，在风浪载荷作用下，螺栓的六角头会从法兰螺栓孔被拉出，导致通风筒被打掉，这些都是设计制造上的内在缺陷。

当然，“渤海 2 号”翻沉确是一起不幸的事故。从主观上讲，由于当时海洋石油队伍初建，技术素质低、经验不足，缺乏在危急情况下的应变能力，加之管理不严，准备工作不周，都是影响安全的重要因素。

还有一个让康世恩十分痛心的细节。他在国家酝酿对外开放海洋石油的时候，曾赴美国墨西哥湾考察美国钻井平台，看到美国钻井工人都穿着密封防寒的救生服，立刻想到“渤海 2 号”死难的弟兄，一个个打捞上来，都蝼曲着裹在冰甲一般的棉工服里。他痛心地说：“要是早知道国外有这种防寒救生服，给每个出海人员都配上一件，落海的钻井工人也许有很多能活下来。”

此外，在危急情况下，全船职工奋力抢险，没有排水设备，就用人力往外舀水。没有人想到逃生，一心想的是抢救国家财产。“人在阵地在”，是大家共同的信念。

国外通行的做法，海上遇险都有弃船规定，在排险无效时船长可以下令弃船，以挽救船员生命。而中国海洋石油作业当时没有这种规定。由此可见，当时对海上遇险的紧急应对措施，从思想观念到具体操作，都有不当之处。这是用生命换来的深刻教训。

“渤海 2 号”事故后，康世恩和石油部领导正确对待国务院给予的处分和批评，不但没有灰心和消沉，反而以更大的毅力和百折不挠的信念从事石油工业的振兴，并多次要求海洋石油职工正确吸取教训，严格执行规章制度、安全规程，健全生产指挥系统，确保海上石油作业万无一失。

他们提出，决不能因为出了事故就迟疑不前，顾虑重重，在保证安全的前提下，要敢打高压井，打好高压井，把海洋石油资源开发出来。在他们严格要求和具体领导下，海洋石油渤海前线钟一鸣、赵宗鼐等负责同志和石油职工放下了思想负担，讲求科学，讲求安全，讲求效率，中国海洋石油勘探和开发在困难中奋起，在合作中发展，翻开了崭新的一页。

十三 试行干包　改革探路

石油工业经过几十年竭尽全力的艰苦奋战，为濒临崩溃的国民经济作出了巨大贡献。进入 20 世纪 80 年代第一年的时候，它自身已是比较困难了。由于勘探投资严重不足，导致勘探工作量减少，储量增长速度跟不上产量增长速度，加上老油田产量递减加快，1980 年的原油产量比 1979 年的 1.06 亿吨有所下降，1981 年的原油产量能否保持住 1 亿吨呢？石油部党组成员们，忧心如焚。更为严重的是，1981 年是国民经济三年调整的最后一年，国家大幅度压缩基本建设投资，给石油部的投资最多只能达到 1980 年的一半——17 亿元。

新区要勘探，老区要上产，原油要努力稳住 1 亿吨，17

亿元的投资显得十分紧张。

当时主持石油部工作的副部长焦力人，面对这重重困难，不得已给国务院写信，陈清石油工业之难处，建议给石油工业增加必不可少的投资，并把1981年的原油产量调整为1亿吨。焦力人让秘书把石油部几位部领导请到他的办公室，说："昨天我一晚上没睡着，给国务院写了一封信，一切责任由我来负。"

国务院领导深感问题严重，见信后的第二天，就在研究1981年计划的会议上，专门听取了焦力人的汇报。在汇报中，焦力人口头建议，如果国务院增加投资有困难，能否允许石油部出口200万吨原油将其外汇收入作为勘探开发的投资。国务院总理赵紫阳说，石油产量不能降，否则国民经济得重新安排。会上，决定给石油工业增加5亿元投资。

1980年12月的一天下午，赵紫阳来到医院看望康世恩。

此时，盛产石油的伊拉克和伊朗之间的"两伊战争"已经开始，国际油价猛涨，每吨原油已涨到260美元，而国内油价只有每吨100元人民币，只相当35.7美元。如果不抓住这个有利时机出口石油换取外汇，国家的外汇是很难支撑的。

就在这次谈话中，康世恩向赵紫阳提出了1亿吨原油产量包干的设想。

1981年1月19日，中央决定康世恩副总理兼任石油工业部部长。

1981年3月13日晚，石油工业部党组召开会议。这是康世恩重返石油部后主持召开的第一次党组会议。会议主要讨论的是人们最关心的原油产量1亿吨稳产包干的问题。根据部党组会议决定，石油部加紧了1亿吨原油包干的请示和协调工作。

受康世恩的委派，副部长焦力人和李天相等在国家计委组织的专题汇报会上，详细地阐述了原油亿吨包干的内容和迫切性、可行性。国家计委副主任李人俊、国家能委副主任杨波、财政部副部长谢明、国家经委局长陈荫滨等，对这个方案很感兴趣，一致支持。

石油部副部长焦力人率领工作组来到胜利油田，在油田领导李晔等的积极配合下，经过一个月的工作，顺利拟定大包干方案。当时给胜利油田定的原油包干指标是1590万吨，对勘探开发部署也作了安排，对改革管理体制、扩大油田自主权、从超产收入中提成、建立奖励福利基金、逐步改善职工生活等方面提出了具体意见。康世恩听了汇报后很满意，随后国务院各有关部委也明确支持并帮助落实。

1981年7月24日，中共中央书记处召开会议，专门听取国家能源委员会的汇报。汇报会上，康世恩发言说，实现1亿吨包干，一是靠政策，二是靠管理，三是靠科学技术水平的提高，四是靠登泰山过十八盘的精神。并就政策问题提出三条具体建议：一是实行包干制，解决资金不足的困难，增加石油自我发展的能力。二是沿海大陆架实行对外开放，开发海上油气资源。三是允许采取多种方式引进国外先进技术、先进装备，可以向国外贷款。会上，中央书记处讨论同意了这三项重大决策，并对石油部雷厉风行的工作作风表示嘉许。

这些重大政策和承包格局基本定下来以后，并经过胜利油田的试点，石油部决定让亿吨包干政策走出“试验田”，在全国各油田全面铺开。

大包干政策的引入，是富有革命性和创造性的创举，是对农业改革成功经验的有益借鉴，是在改革开放的背景下，对石油管理体制做出的伟大变革。中央和石油部的领导人凭借伟大的魄力和丰富的想象力，把一项为了促进农业生产、提高农民生活水平的政策，巧妙地应用到重要工业生产部门的生产中来，并取得良好的成绩，开创了一条石油部门乃至所有工业部门发展的新道路。原油产量包干改变了过去国家对油田的统收统支（收入全部上交，花钱靠国家拨款，专款专用）的状况，企业获得了一定自由发展的空间。将超产原油所换取的资金用于企业发展最需要的部分，企业的自我发展成为可能，不再只等靠国家的拨款。职工个人所得也采取多劳多得的原则，为油田的发展带来了活力，促进了生产力的发展。大包干政策突破了石油生产的瓶颈，从此石油生产闯过了平台期，避免了生产下滑的危险，有效保证了国家经济建设能够顺利进行。

1981年国民经济还很困难，特别是外汇相当短缺。邓小平曾对国务院说，找石油要50亿外汇，搞旅游要50亿外汇。由于国务院给了石油部原油亿吨包干的政策，石油部当年就给国家创汇64亿美元。

十四

海洋石油　勇敢闯关

中国海洋石油工业经历了艰难曲折的探索历程。面对300多万平方公里的蓝色国土和丰富的油气资源，石油工业领导人早就把眼光注视到这里。于20世纪50年代末就在翁文波组织下，在南海莺歌海浅海开展了地震普查；1964年又提出“上山下海”的发展思路，在茂名页岩油公司基建处长钟一鸣组织下，在莺歌海浅海区用土办法打井，这是中国第一口海上找油的探井；后来在渤海又自行设计、安装了固定式海上钻井平台，打井出了油。但是，由于资金不足，以及技术装备的落后，进展缓慢。进入20世纪70年代，国外海洋石油科技迅猛发展，原油产量迅速上升。结合中国的实际，研究国外的经验，当时担任石化部主要领导的康世恩以及先后出国考察的有关领导，越来越清楚地看到，由于海洋特殊的环境，海上石油勘探开发的做法，远非照搬陆地模式所能成功，必须以全新的观念、高新的技术、精良的设备和科学的管理，形成一套全新的资金筹措战略和勘探开发战略，才能适应新形势的挑战，才能打开中国海洋石油工业发展的局面。正是在这种背景下，中央、国务院领导在关键时刻作出了重要决策。

1978 年 11 月，党的十一届三中全会在北京召开，作出了改革开放、加快发展等重大战略决策，为中国经济腾飞插上了翅膀，也为中国海洋石油走向国际合作提供了难得的机遇。

1979 年 6 月，康世恩副总理与宋振明部长分别带团出访美国，与美国几家石油公司达成在珠江口海域开展区域性地球物理普查的协议，回报的条件是：凡参与普查的外国公司，将获得参加中国海洋石油对外招标的投标权。这种先物探、后勘探开发的“两步走”方针，大大提高了外国公司参与海上物探勘查的积极性。此前，石油部副部长、中国石油天然气勘探开发公司总经理张文彬也率代表团访问英国、马来西亚和美国，与几家石油公司签署了在中国南海、南黄海进行物探的意向书和合作协议。从 1979 年 4 月到 7 月，中方先后与外国公司签订了 8 个物探协议，有 13 个国家的 48 家石油公司参加，用一年时间，在南海、南黄海完成了 42 万平方公里的区域性地球物理勘探工作，发现了一大批构造。这次大规模的海上物探普查，为国际招标作了重要的物质和技术准备。

海洋石油对外开放，对中国人长期闭关自守形成的传统观念是一个巨大冲击，引起很大争论。多数人认为这有利于促进我国海洋石油发展，但也有人表示反对，认为这是“出卖资源”“丧失主权”，油给外国人拿走了，“得不偿失”。为此，根据国务院领导批示，由国家能源委、国家进出口委召开了有关部门和专家参加的讨论会。会上由地质家邱中建报告珠江口盆地的评价情况，司法部介绍标准合同，大家对海洋石油对外开放的利弊得失进行了反复论证，最后由国务院副秘书长顾明作了总结，认为这样做对中国海洋石油工业的发展是有利的、是必要的。康世恩和秦文彩副部长又分别在全国人大委员长会议和常委会上，以及宣传口、经济口，作了系统的说明，从而取得了广泛的支持，为海洋石油对外开放奠定了思想基础。

1982 年 2 月 8 日，国务院批准成立中国海洋石油总公司，作为履行对外合作的国家公司和具有法人资格的经济实体，并任命石油部副部长秦文彩为第一任总经理。2 月 15 日，中国海洋石油总公司正式成立。副总理康世恩代表国务院会见了首任领导班子，语重心长地对他们说，对外合作是个新事物，要加强思想政治工作，防止资本主义腐朽思想的侵袭，希望你们要“像荷花一样出淤泥而不染”。他对海洋石油总公司提出两条办事原则：“一切依法办事，合理不合法的不办，但要努力争取有法可依，依法把事情办好；一切照章办事，手续不完备的不办，但要高效率地履行各项规定，依章把事情办好”。以后，这两条原则成为海洋石油人坚持依法、依国家政策规定办事的准则，保证了工作中的高效有序、清正廉洁。海洋石油对外合作条例和标准合同的制定、海洋石油总公司的成立使中国海洋石油对外招标的条件成熟了。

1982 年 2 月 16 日，中国发布了第一轮国际招标公告。中国海洋石油总公司先后发出南黄海北部物探区、珠江口物探区、南黄海南部物探区、海南岛西部物探区等 43 个区块招标书，共有 11 个国家 41 家公司参与竞标。根据经济界限、技术水平、开发建设经验和工程造价、勘探工作量和技术转让情况等几条标准，严格进行评标选标。到 1983 年年底，首轮招标以同 9 个国家的 27 家石油公司签订了 18 个石油合同宣告成功。

随着对外合作的开展，1984 年 11 月、1987 年 1 月、1992 年 6 月在秦文彩、钟一鸣、王彦任总经理期间，又相继进行了海上石油第二轮、第三轮、第四轮招标。截至 1994 年年底，通过 4 轮招标，已同 16 个国家的 59 家石油公司，签订了 100 个石油合同和协议。世界上最著名的跨国石油公司，如埃克森、壳牌、BP、阿莫科、雪弗龙、德士古、阿科、菲利普斯、西方石油、埃尔夫、道达尔、阿吉普、日本石油公司等，云集中国海域。至此，中国渤海、南黄海、东海、南海各个盆地都已对外开放，中国海洋石油工业迎来了全面发展的新时期。

在加强对外合作的同时，海上石油还要不要进行自营勘探开发，是“一条腿走路”，只靠对外合作，还是“两条腿走路”，对外合作与自营勘探开发并举？这是海洋石油总公司成立后面临的一个重大问题。

1983 年到 1984 年间，美、法、英、日、意、澳、加、西 8 个国家石油公司组成作业集团，在南海几个海域与中方合作，掀起了一个个勘探高潮。相比之下，自营勘探由于受资金、技术等因素的制约，难以开展。在渤海合同区，由于地质情况比较复杂，外商变得谨慎起来，1984 年年底法国公司终止了合同。加之当时国际油价急剧下跌，对中外合作产生了一定影响。

1988 年 8 月，在南海北部湾进行合作开发的法国道达尔石油公司，因油田产量低、效益不好而提前结束了合同。南海西部石油公司从外商手中接过了涠洲岛 10—3 油田的生产管理权。他们第一次承担海上油田作业者的重担，通过挖掘潜力、降低成本，加强地质研究，在油田周围自营勘探，又发现有良好开发价值的涠 10—3 北油田，两个油田连片开发，使原油年产能力由 20 万吨上升到 40 万吨。1990 年又按照国际标准，自营开发了涠 11—4 油田，到 1993 年产量达 60 万吨，高峰期可达 80 万吨，两年多就收回成本。这样，在外国公司认为没有开发价值而放弃的地区，经过中方人员精细研究，精打细算，建设起年产100万吨的涠洲岛油田群。它证明了中国石油职工的智慧和能力，也证明了自营勘探开发方针的必要性和正确性。

在渤海的辽东湾，自营勘探开发也取得了显著成果。1984年，渤海石油公司靠自己力量发现了锦州20—2凝析油田，1986年又发现了储量上亿吨的绥中36—1油田。对这个当时海上储量最大的油田，完全采用国际标准建设油田试验区，并于1995年全部建成投产，最高原油年产量达100万吨，显示了中国海洋石油勘探开发技术、工程设计与建设承包能力及工程项目的综合管理都达到了国际水平。随后，又在1997年建成绥中36—1油田J区，最高年产量达33万吨。油田二期开发工程于2000年投产后，最高年产量达350万吨。

在自营勘探开发过程中，海洋石油总公司始终把降低成本、提高效益、提高竞争力作为重要措施和生存之本。1998年面对国际油价低迷的形势，在全系统实行“低成本战略”，对油田建设项目重新评价审查，对自营油田实行操作费封闭管理和工效挂钩管理，使建设总预算大大下降，桶油成本由1997年的11.97美元降到1999年的10.69美元，从而确保了在油价十分不利的情况下，能保持相当的盈利水平。

“两条腿走路”方针推动海上石油勘探开发进入到一个新阶段。到1996年，在已探明的海上油气储量中，自营勘探的成果占了一半；在已投入生产的18个油气田中，自营油田 6 个，尚有 6 个油田正在建设，产量占了海上原油总产量的 20%。

自营勘探开发还造就了一支能够参与国际市场竞争的海洋石油工业队伍，为走向海外创造了条件。中国海洋石油总公司对外工程承包服务获得了良好的国际信誉。他们在印度尼西亚购买了阿科公司马六甲油口 32.58%的权益，拥有了第一个海外油田，对国外资源评价和投资机会研究正在展开，将从海外获得越来越多的原油。

十五 “四三方案” 石化崛起

石油工业的发展，为石化工业提供了资源基础。石化工业的崛起又为利用好油气资源、实现油气产品增值创造了重要条件。

20 世纪 60 年代初期，随着大庆油口的开发，从根本上改变了中国缺油，石油工业落后的局面。针对这种历史性的变化，余秋里、康世恩、孙敬文、刘放、侯祥麟及其他领导同志一起，不失时机地提出了石油产品“三年基本过关，五年立足国内”的奋斗目标，通过利用国外先进技术，改造和扩建了抚顺、大连、锦西等一批老的炼油厂，新建了大庆炼油厂，1965 年实现了我国石油产品基本自给。

1961 年，石油工业部决定对石油炼制中催化裂化、催化重整、延迟焦化、尿素脱蜡、相关的催化剂和添加剂等 5 项世界炼油新技术进行攻关。当时正值电影《五朵金花》上映，“五朵金花”是 5 位年轻、美丽、勤劳的姑娘。石化人也亲切地把这 5 项世界尖端技术称作“五朵金花”。

第一朵“金花”当数催化裂化。20 世纪 60 年代初，我国炼油二次加工装置主要是热裂化，不仅不能生产高辛烷值汽油，而且工艺远落后于世界先进水平。1962 年 8 月，我国派 8 名同志去古巴洛佩滋炼油厂考察回来后，就在抚顺开始了同高并列式流化催化裂化装置的设计工作。1963 年 4 月，施工图纸在抚顺石油设计院完成。

通过考察发现，这套装置的设备和仪表结构复杂，材料特殊，精度灵敏，我国从未制造过。尤其是控制整个装置反应压力的双动滑阀，有 2000 多个零件，要求十分精密，当时只有美国能制造。然而，在全国上百个单位人员的团结协作和共同努力下，装置所有设备全部由中国人自己制造。

1963 年 11 月，抚顺石油二厂年处理能力 56 万吨Ⅳ型催化裂化装置开始施工建设，于 1965 年 4 月建成。来自全国的科研、设计、施工、生产等方面的 600 多名专家参加了试运投产工作。1965 年 5 月 5 日 20 点 30 分，反应器进油后，装置流程完全贯通，产品质量全部合格，催化剂损失率、轻油收率、汽油辛烷值等指标全部达到或超过设计要求。该装置一次投产成功标志着催化裂化这朵“金花”

实现了工业化，不仅填补了我国炼油技术的空白，还首次在我国生产出高标号汽油，把中国的炼油技术推向了一个新阶段。

第二朵“金花”是催化重整。为尽快实现催化重整工业化，当时的石油部决定，在大庆自行设计施工催化重整装置的同时，也在抚顺石油二厂引进一套催化重整装置，为给大型工业化重整装置提供资料数据，抚顺石油三厂于 1962 年年末建成了一套年处理能力 2 万吨的铂重整—芳烃抽提半工业化试验装置。从 1963 年 9 月开始到 1966 年 5 月，经过多次试验，这一装置解决了原料选择、催化剂中毒等一系列工业化生产的难题。为我国第一套 10 万吨/年铂重整装置在大庆顺利投产作出了重要贡献。与此同时，从意大利引进的 10 万吨/年铂重整—芳烃抽提联合装置也于 1966 年 6 月在抚顺石油二厂一次投产成功。

第三朵“金花”是延迟焦化。20 世纪 50 年代，我国已有 8 套焦化装置投入生产，但全部采用釜式焦化和平炉焦化工艺，生产不连续，处理能力小，轻质油品收率低，操作环境和工业卫生条件都比较恶劣。1955 年，我国开始在抚顺石油厂兴建 5 万吨/年延迟焦化试验装置（北焦化），并于 1957 年冬建成投产。这是我国第一套延迟焦化工业化试验装置。1964 年 12 月，年处理能力 30 万吨的延迟焦化装置（南焦化）也在抚顺石油二厂建成投产。这套装置采用两炉两塔和全井架水力除焦新工艺，是我国第一套大型水力除焦延迟焦化装置，其工艺技术已接近世界先进水平，使延迟焦化这朵“金花”在抚顺最早实现了工业化。

随后，第四朵、五朵“金花”竞相开放。1965 年，尿素脱蜡装置设计开发成功，装置通过化学反应去掉原油中的石蜡成分，对利用大庆原油为航空领域以及在高寒地区提供燃料起到了积极的作用。催化剂和添加剂也被相关的科研部门相继研制出来，到 1966 年，被喻为我国炼油业“五朵金花”的这些新技术已分别在抚顺、大庆、锦西先后实现了工业化，使我国当时的石油产品品种达 494 种，汽油、煤油、柴油、润滑油四大类产品产量达到 617 万吨，自给率达 100%。我国不仅彻底结束了用“洋油”的历史，炼油工业也由落后三四十年一下子跃至当时的世界先进水平。

20 世纪 70 年代初期，党中央、国务院在大力发展石油工业的同时，十分重视石油化工的发展。乙烯产量是反映一个国家石油化工水平的重要标志，以乙烯为原料的石化产品关系到人们生活的各个方面，在国民经济中用途广泛。从 20 世纪 50 年代后期开始，国外石化工业迅速发展，乙烯产量迅速增长。中国石化工业从规模实力和技术水平上，都与发达国家有着很大的差距。20 世纪 60 年代初期，我国从西德引进了一套管式炉裂解装置，建在兰州化学工业公司，这套装置是以石脑油为原料；与此同时，我国自己开发的第一套小型管式炉裂解装置建在上海高桥化工厂，这套装置是以炼厂气为原料。虽然这两套装置规模都很小，但这是我国较早建设的石油化工装置，成为我国开拓石油化工技术的重要基地，为以后发展石油化工培养造就了人才。

1970 年年初，我国乙烯产量不到 3 万吨，仍大大落后于发达国家。1971 年 9 月，毛泽东主席乘专列由上海返京。在专列上，一名工作人员讲述了在上海买的确良衣服难的情况，并向毛泽东主席进言："国家为什么不能多生产一些的确良呢?"这引起了毛泽东主席的重视。毛泽东主席、周恩来总理先后提出了要引进建设一批石油化工、化纤、化肥装置，以解决人民群众吃、穿、用问题。轻工部部长钱之光为此提出引进一批化纤装置的建议。康世恩当时负责主持燃料化学工业部的工作，他组织专人对引进大型乙烯、化纤和大型化肥生产装置进行了研究，并派出了考察组到日本鹿岛乙烯基地进行访问。考察组回来后，康世恩主持开了几天会，研究日本鹿岛石油化工是怎样发展起来的，乙烯为什么发展这么快。他对日本建设 30 万吨乙烯的经济效益十分赞赏。这次研究，进一步增强了康世恩借鉴日本做法、加快发展 30 万吨乙烯的信心和决心。1971 年年底，李先念在国务院主持会议，听取了康世恩的汇报，当时国务院有些领导同志第一次听到 30 万吨乙烯的概念，都非常高兴。

燃化部随后向中央写了两个报告：一个是加大石油出口量的报告；一个是关于引进乙烯等大型化工装置的报告。周恩来总理提出，要拿出几十个亿美元的外汇，从国外引进一批先进的技术设备，推进我国工业、农业的现代化进程。他把编制计划的任务交给了负责计委工作的余秋里。余秋里深知国家拿出几十个亿美元的外汇不容易，必须要好钢用在刀刃上。他召集有关部门反复研究、论证，最后编制了一个引进技术设备的方案，这个方案共用外汇 43 亿美元，因而，被人们通俗地称为“四三方案”。并提出了引进的原则：一是集中力量，切切实实解决国民经济的几个问题；二是学习与独创相结合；三是有进有出，进出平衡；四是新旧结合，节约外汇；五是当前与长远兼顾。

这个方案，国家计委于 1973 年 1 月 2 日上报国务院，周恩来总理和李先念副总理审查同意，并呈报毛泽东主席得到批准。这是中华人民共和国成立以来的第二次大规模的引进，打破了多年来西方对我国的经济、技术封锁，是同发达国家的经济技术合作的重大突破。“四三方案”经毛泽东主席批准后，当年即开始陆续签约、执行。

“四三方案”中，燃化部的项目最多，包括引进 13 套大化肥设备、引进一套 30 万吨大乙烯和 4 套大化纤设备等，总计资金 18 亿美元。

为了用好这笔资金，燃化部组织技术专家反复开会论证。第一套 30 万吨乙烯及其配套的高压聚乙烯、聚丙烯等装置是投资最大的项目，经过调查研究，决定建在北京燕山。20 世纪 70 年代初期，国家在北京燕山山下建起了年加工能力 250 万吨的东方红炼油厂，后扩大炼量达 700 万吨。

1973年8月29日，30万吨乙烯装置破土动工。该装置采用美国鲁姆斯公司的技术，是世界上第一套用轻柴油作原料的乙烯装置。全国27个省市的千余家施工单位参与建设，从装置开槽打基础到生产出合格产品，仅用了27个月，开创了大型引进装置成功的范例。随后，乙烯厂与东方红炼油厂合并成立了燕山石化公司。这一套大型石油化工装置的建成，不仅使中国的石化工业向国际先进水平迈出了一步，也为后来建设4套30万吨大型乙烯装置积累了丰富的经验。

"四三方案"中特别强调，农业是国民经济的基础，中国一直以占世界7%的耕地面积养活着占世界人口近1/4的人民。化肥对于农业的增产作用十分明显，可以达到30%以上。因此，大力发展化肥工业，关系到以农业为基础、以工业为主导、发展国民经济的总方针。13套大型合成氨、尿素装置，分别安排在四川泸州、河北沧州、辽宁辽阳、大庆等地，从美国、荷兰、丹麦、日本引进成套设备和技术。1973年下半年陆续开工建设，1976年以后投入生产。

余秋里、康世恩对这些重点引进项目的工程进展情况非常重视，提出管理要严、质量要好、速度要快、投资要省、标准要高的要求。大庆化肥厂30万吨合成氨和48万吨尿素装置在施工中，吊装塔时，碰弯了8颗地脚螺栓，使吊装拖延半个小时才完成。在燃化部召开的全国电话会议上，康世恩严厉地批评了当时的大庆油田党委书记宋振明，对全体职工教育很大。施工队伍举一反三，制定了严格的规定和严密的措施，保证了大庆化肥厂高质量地建成。

“四三方案”引进的技术设备，不但增强了中国基础工业的力量，增添了新的工业门类，提高了现代化技术水平，而且培养了一批能掌握现代化先进技术的工人和管理人才。

从经济效益上看，也取得了令人瞩目的成果。1978 年 6 月，已经建成的 7 套大化肥装置累计生产尿素 361 万吨，如果进口同样数量的化肥，按照当时的国际市场价格需要 5.2 亿美元，超过进口装置所花的外汇的一倍。已投产的燕山 30 万吨乙烯，仅 1977 年上缴的利税就达 1.5 亿元。1977 年，第一座引进的大型化纤装置在上海金山石油化工总厂建成投产，每年可以向全国每人提供一米的化纤织物，解决了人民“穿衣难”的问题，结束了纺织品凭票供应的历史。

在引进大型石油化工装置的同时，燃化部派出了第一个以唐克为团长，焦力人、宋振明为副团长的石油代表团到加拿大、法国进行考察，并开展了与日本、美国一些大公司的技术交流，引进了 48 道、96 道数字地震仪器、深海地震勘探船、压裂设备及大型吊车、运输设备等。虽然数量少，规模小，却建立了一个了解世界石油科技发展情况的窗口，促进了中国石油工业勘探开发技术的进步。今天，人们已经很难想象，当年要引进一些先进技术设备是多么的困难，要顶住多么大的压力。

对大庆化肥装置这样一批引进项目，“四人帮”一伙人十分不满，以种种借口进行干扰。1975 年江青借机对此大做文章。她宣称，大庆是中国自力更生的典型，为什么要引进洋人的东西，并叫嚣要调查是谁在搞“洋奴哲学”，要把已经建起来的化肥厂拆掉。当时在京主持石油化学工业部日常工作的孙敬文和在外地的康世恩一起商量，想方设法顶住了江青的种种非难和干扰，维护了大庆化肥厂生产建设的正常进行。康世恩要石油化学工业部计划组组长周太和到中央档案馆查中央审批原件。周太和查到了毛泽东主席红笔圈阅的原件，上面有周恩来总理批示同意，叶剑英、李先念等中央领导划圈表示同意的记录。他们将这份原件复印件送到江青那里，她才无可奈何，不了了之。

康世恩多次在会议上提出，大庆充分利用油田的油气资源发展石油化工，势在必行。1972 年，大庆炼油厂领导出国考察归来，向康世恩建议在大庆建设大型乙烯装置，他很感兴趣，让再做些酝酿工作。1976 年年底，在北京召开的一次会议上，康世恩义正词严地痛斥了“四人帮”祸国殃民的倒行逆施，慷慨激昂地阐述了石油化工发展的广阔前景，明确提出要在大庆建设一座年产 30 万吨乙烯装置。以后经过反复考察酝酿，听取有关方面的意见后，他进一步提出黑龙江省发展石油化工“屁股一定要坐在油田上”，既能利用油田油气资源，又可利用大庆的技术力量和财力，既节省投资，又上得快。康世恩的意见得到了余秋里和黑龙江省领导的赞同。

1978年3月，康世恩被任命为国务院副总理兼国家经济委员会主任。他在主持国家经委工作期间，为增强我国经济实力，根据邓小平、李先念等领导同志的意见，又向国外引进4套30万吨大型乙烯和一套大化纤装置。决定将4套乙烯分别建在大庆、山东齐鲁、南京和上海；一套大化纤建在江苏仪征。这次重大引进，为我国石化工业的发展奠定了坚实的基础。

在推进上海高桥地区石油化工企业实行联合的同时，党中央、国务院领导同志开始考虑全国范围内的石油加工与石油化工的综合利用问题。1981年9月，国务院决定成立石油化工、化纤综合利用规划小组，由康世恩兼任组长，国家科委、国家计委领导任副组长，小组成员包括石油部、化工部、纺织部等有关部的负责人，在康世恩的领导下，规划小组按照党中央、国务院的要求做了大量调查研究工作，提出了“搞好炼油深度加工，综合利用，把石油化工搞上去”的工作方针，并对石化工业管理体制的改革进行了酝酿，成立了中国石油化工总公司。

1983年7月，在石化总公司召开的首次直属企业经理（厂长）会议上，康世恩说，总公司要办成一个经济实体，这对我们来讲都是新课题，是一次新的探索。他鼓励大家第一要有信心，要坚定不移搞下去，一定要搞成。第二要看到有困难，还要善于学习，善于工作，积极探索，要善于取得各方面对这一改革的关心和支持。他要求通过上下共同努力，把石化总公司办成技术先进、管理科学、信息灵通、效益显著的经济实体。他代表党中央、国务院宣布了中国石油化工总公司领导成员名单；由李人俊任总公司党组书记、董事长；陈锦华任党组副书记、总经理；由孙敬文、孙晓风、徐良图、李正光任副董事长；张万欣、张皓若、盛华仁、费志融任副总经理。

从此，在新的领导集体的带领下，中国石油石化行业走上新的发展阶段。

十六 西部开发 战塔里木

1986年，党中央、国务院正式作出石油工业“稳定东部，发展西部”的战略决策，西部石油工业进入一个崭新的发展时期。

1986年1月，石油部厂矿长会议在北京召开。会议的主要议题是：贯彻党中央、国务院关于石油工业“稳定东部，发展西部”的战略方针。刚上任不久的石油部部长王涛说：“东部油田的开发已走过了青春期，我们必须把视线转移到西部。”塔里木盆地是世界上最大的山间盆地，也是世界上尚未进行大规模开发的唯一特大盆地，最有希望成为中国新的石油战略基地。会议决定，再次重上塔里木，由新疆石油管理局先组建一个南疆勘探公司，石油部派出一个沙漠顾问组。

新疆局迅速组建了南疆勘探公司项目经理部，派有经验的钻井工程师钟树德任项目部总经理，自愿坚持南疆会战的年轻政工干部周元任党委书记。石油部派出曾担任过大庆会战指挥部副指挥兼总工程师、海洋石油勘探局副局长的王炳诚任沙漠顾问组组长。临行前，王涛又专门找他们谈话，明确要求新组建的公司，采取海洋石油公司的新型体制，为石油工业探索一条走出大兵团会战模式的新路。

塔里木，这是一个充满了异域风情的名字，在维语里是“无疆之马”的意思。大自然的造化和鬼斧神工在这里尽情地挥洒和驰骋，用漫天的黄沙、无边的狂风、干旱的气候和涌动的暗河造就了一片亘古荒凉的大漠。从遥远的“丝绸之路”一路沧桑走来，所见最多的还是黄色的空旷和寂寥。由于缺水的缘故，这里植被很少，只有茫无涯际的沙漠，沙是这里最丰富的语汇。由于风力，沙就像水一样地流动着，暴风袭来的时候，一望无际的沙海在顷刻之间就会掀起可怕的狂澜怒涛，造成蜿蜒数千里连绵不绝的沙丘。

唐朝著名边塞诗人岑参在《走马川行奉送出师西征》一诗中曾经写道：“君不见，走马川行雪海边，平沙莽莽黄入天。轮台九月风夜吼，一川碎石大如斗，随风满地石乱走。……将军金甲夜不脱，半夜军行戈相拨，风头如刀面如割。……”这里人迹罕至，从来都只是边客院臣、征夫行商们才会出没的地方，原有的绿洲在沙漠的进犯下节节后退，被称为“死亡之海”的沙漠在这里蔓延着、生长着，所到之处不见炊烟、不见人家，只有被狂风扭曲了的胡杨树挣扎着站立，在这苍茫的天地间以遒劲的姿态写着一首首生命的赞歌，无声无息却响彻千年。

就是这样一个地方，就是在中国第一大内陆盆地里面，就是在新疆维吾尔自治区的南部，这片西起帕米尔高原东麓、东到罗布泊洼地、北至天山山脉南麓、南至昆仑山脉北麓的广大地区，埋藏着中国目前储量最大的油气资源。根据我国权威部门的资源评价，全盆地石油蕴藏量为 107.5 亿吨，天然气蕴藏量为 83900 亿立方米，油气总资源量 191.5 亿吨；与松辽盆地和渤海湾盆地一起并列为中国油气资源量大于 100 亿吨的三大盆地，也是世界上勘探程度很低的大型含油气盆地。塔里木盆地被中外地质学家看作是中国石油工业发展的战略接替区。在中华人民共和国的版图上，塔里木盆地不再只是一片荒芜的黄色，而是蕴藏着希望的无边战场：“塔里木”三个字也不再只是苍凉和辽远，它对我们的国家和民族来说具有着不一般的意义。潜伏在地下的油龙苏醒了，正撩拨着中华健儿的斗志和胸怀，正等待着有人去驯服它，让它和中华人民共和国的工业一起腾飞。

没有到过塔克拉玛干的人不会真正体会到黄沙无孔不入的感觉，没有进过油田的人不会真正明白要把井架在这里架起是一件多么困难的事情。从涌绿叠翠的内地，来到这满目浑黄的边陲，就仿佛一下子从现代的繁华走进了远古的洪荒。黄沙从未如此亲近过他们，流入到人们的口、鼻、耳中，甚至齿缝里，一合牙，整个头部神经都轰轰炸响，拢一下头发，就能抓出半把沙来。沙从人们的领口钻入，聚集在腰围，人体的每道皱褶、每一个汗孔，几乎都被填平了……

这里除了风沙肆虐之外，昼夜温差也极大。午时，黄沙热情得让人无法忍受，随着夕阳下沉，气温也越来越低。这种独特的气候养育了香甜无比的哈密瓜，但是对于远征到此的石油健儿们来说，这却并不是积累甜蜜的享受过程。在最初被称为“沙漠公寓”的列车房还在装运过程中的时候，石油工人的先头部队们就在避风的沙坎下栖身。初时，躺在暖呼呼的细软的沙窝里，还不由使人生出几分浪漫呢。可是，这种浪漫转瞬即逝，夜渐入深，冷气越重。睡成一排的石油伙伴们，都下意识地在沙滩上越扎越深，想要从地底下汲取一点温暖的庇护。翌日清晨再去看的时候，就会发现沙坎下竟然会一抹如平，睡者如遁，只有露在沙表的口鼻一张一翕。但是只要带班的人一声喊，沙土里就会齐刷刷地跃起一群“土行孙”来。

在塔里木、在塔克拉玛干，石油工人遇到的困难还远不止于此。这里的油田蕴含量丰富，但是油藏的先天地质条件并不好，想要顺利地从这里打出油来，除了需要不畏艰苦的体力劳动之外，还要有很高的技术要求。需要把当今国际上最先进的设备和技术工艺汇聚在这里，用科学的祀天巨杖敲开锁闭万载的茫茫坤舆之门。为了这个，石油行业的技术人员不知道做了多少次勘探和调查，不知道进行了多少次试验和修正，他们熟悉这里的每一口矿井、每一处地形，只是黄沙流动无情，总也留不下他们的足迹。阳光灿烂耀眼，却总也照不出他们的身影。我们无从得知他们每一个人的名字，但是却能从高耸的井架和轰鸣的机器中辨别出他们的笑容来。他们把汗水和心血都一点一点地揉进矿井里、揉进油田里、揉进他们为之奉献了终身的事业中，就是为了能够在这大漠清冷的月色下，夜夜伴着井架的呢喃声安心踏实地入梦。

你要说他们没有更高的追求吗？他们把我们整个民族的追求作为自己的追求，还能有什么追求比这个更加崇高；你要说他们不懂希望吗？他们用最朴素的希望换取最现实的理想，还能有什么希望比这个更加美丽呢！

如果你见过在大漠里的开钻仪式，那么或许会更能理解这种追求和这种希望。这是一种充满了现代节奏和远古的祭祀情结的另一种意义上的“构造”。

高耸的钻塔上，那面在沙漠风中猎猎作响的红旗分外激动人心。钻塔下面的工地上，领导、工人，包括来宾，都列成整齐的方阵，俨然如一面在大地上铺开的战旗。太阳跃出沙海，大漠紫气蔚蔚，构成一道独特的风景线。仪式在庄严中进行：鞭炮炸响，来宾致辞，工人宣誓……然后一声令下，排练整齐的方阵快速地散开，工人们各就各位，司钻手已经紧紧地握住了刹把，工地上的机械设备全部启动，进入临战状态。在零刻度上系着鲜艳的红色绸结的钻杆，正静静地等待着那起钻的时刻。剪落绸断，汽笛骤鸣，撕碎了大漠的寂寥。

随着“开钻”的一声口令，身披绶带的平台经理神情肃穆，在众人热望的目光中，走进井口，虔敬地把老酒洒在红绸上、钻盘上。在旋转的交响中，那烈性的液体，带着人们的祈望，一点一滴地融入大地和黄沙，融入地下奔涌和流淌着的油层。不要笑这种仪式带着些传统的祈祷色彩，这样祭钻的仪式本来就不乏这些祈求平安的美好祝愿。在每一口油井的钻进过程中，都潜伏着预想不到的风险，除去安全的考虑之外，每一口井定位在这里，国家都要花费百万、千万，甚至数亿元。每一口钻井的投资，都相当于平地建起一个大中型企业，或者是在荒漠上崛起一个中小城镇。由此可以想见，即使几平方米的钻台上，手扶刹把的司钻、捞砂取样的地质工、为钻井调配“血液”的泥浆工……任何一个人，哪怕是稍有疏忽，都会酿成意想不到的灾难，使大量的国家财富化为乌有。每念及此，他们又怎么会不绷紧全身的神经；每念及此，我们又怎么会不理解他们这些小小的仪式中包含的祈祷与祝愿呢。

他们站在油田里，站在矿井中，风吹日晒的黝黑的脸上挂着诚实憨厚的笑容——这是一组组英雄的群像，他们真情地说：“我为石油献青春，献了青春献子孙”。没有人怀疑他们的这些话是矫情或是标榜，因为他们为这片土地、为这片油田、为这火一样激情的事业奉献的已经不仅仅是自己的青春年华，不仅仅是子女们的人生轨迹，不仅仅是对老父老母的孝心，他们付出的比这些更多，却无法言说。他们用自己的人生书写了“奉献”两个字。

但是当市场经济到来的时候，奉献精神受到了质疑。有些人认为在市场经济当中，人们按照所提供的生产要素的数量和质量获取报酬，也就是按效益进行分配，并以此原则作为激发生产者积极性的必要手段，因此与奉献精神是难以协调的。这种看法其实是忽略了奉献精神的实质，奉献精神从根本上来说是一种勇气、一种忠诚和一种信念，是对祖国和人民的事业始终怀有热情和敬仰，是对所从事的职业始终保有信心和希望。从另一方面来说，越是在市场经济时代，收入和付出之间的关系日益明了和直接的时候，奉献精神对于国家和民族来说意义就越重大。它不仅在物质创造上鼓励着创新和发展，更重要的是在精神上鼓励和强化着人们内心深处的感动与认同。

从道德建设的角度来看，奉献精神为我们提供了一套较高的道德标准。当我们以等价交换的利益原则来观察社会现象时，应该多想想“铁人”“宁可少活二十年，拼命也要拿下大油田”的无私奉献的义利观；当我们干工作马虎凑合，拿钱混日子的时候，应该多想想“高度觉悟，严细成风”的“三老四严”精神；当我们办事浮华，做表面文章的时候，应该多想想“四个一样”，那样我们也许会从另外一个角度发现社会赋予我们每个个体的真实价值及其人生的深刻意义。

1986 年 6 月，塔里木综合研究联队完成第一份《塔里木盆地油气资源评价》报告，首次测算出盆地石油和天然气资源量，对已发现的 41 个圈闭优选排队，提出最有利的 5 个圈闭是：塔中 1 号背斜、轮南 1 号、南喀拉玉尔滚背斜、英买力 1 号背斜和塔中 2 号构造，建议钻探。9 月，康世恩召开石油部、地矿部塔里木勘探协调会。11 月，南疆石油勘探公司报请石油部批准，钻探轮南 1 号圈闭。12 月开始选线修路，在东、西高点各定一口预探井，即轮南 2 井和轮南 1 井，先钻西部高点的轮南 1 井。

与此同时，南疆勘探公司面向国内国外招标钻井队伍。新疆局派出 60151 钻井队承钻轮南 1 井。1987 年 3 月 21 日，塔北隆起东段的轮南 1 井开钻，9 月 21 日，在三叠系砂岩中获工业油流。1988 年 3 月 24 日，轮南 2 井开钻，10 月 11 日完钻。11 月 25 日，轮南 2 井在三叠系第三油组试油，获得日产油 631.79 立方米、天然气 10 多万立方米的高产。接着，又在三叠系第一油组和侏罗系的两个油组分别获得日产油 510 立方米、306 立方米、296 立方米的高产油流，从而证实轮南 2 井区是轮南油田多层系高产区。

轮南 1 井和轮南 2 井取得重大突破的意义，在于首次在塔北隆起上发现了中生界三叠——侏罗系高产含油气层系，证明它是一套比沙参 2 井下古生界碳酸盐岩更加现实、更能高产稳产的工业油气产层，从而成为塔里木勘探史上的再一次飞跃。

1988 年 12 月 30 日，轮南 2 井在 11 层油层中试油 10 层，其中 5 层获得高产油气流，累计各层日产原油突破 2000 立方米、天然气 13 万立方米，证明该地区有多套含油层系。

1989 年 2 月 12 日，英买力 1 井在奥陶系灰岩试油，获得日产原油 210 立方米……浩瀚的塔里木盆地，向世人展示出无穷的魅力。

1989 年 5 月 5 日，由新疆局 7015 钻井队执钻的塔中 1 井开钻。到了 9 月，就不断有消息从大漠腹地传出：

塔中 1 井钻进顺利。

塔中 1 井发现井下异常。

塔中 1 井录井发现油气显示……

塔指果断决定："取岩芯。"

9 月 26 日晚零时，塔中 1 井取出了含油岩芯，油从岩芯里往外滴。也许是历史的巧合，30 年前的同一天，大庆油田的发现井松基 3 井出油。

9 月 26 日，大庆油田诞生 30 周年庆祝大会在大庆召开。王涛总经理向大会宣布："在大西北的塔里木盆地塔克拉玛干大沙漠的腹地，我们在塔中 1 井取出了饱含原油的岩芯。"

会场爆发出经久不息的掌声。

10 月 18 日，塔中 1 井中途测试。时针指到 20 时 23 分。突然，大漠一阵战栗，一股强大的油气流从 3582 米的地层深处的海相碳酸盐岩中呼啸而出。顷刻间，油气化作火龙，染红天际。

11月2日，中共中央十三届五中全会召开的前5天，中国石油天然气总公司在北京召开新闻发布会，向全世界宣告："中国西部塔里木盆地沙漠腹地的塔中构造上的第一口探井——塔中1井，钻进中连续见到117米油层。中途测试，获得日产原油576立方米、天然气36万立方米。"

不过3年，会战职工已在塔北找到轮南、英买力、吉拉克、解放渠东、东河塘5个油气田。并且在以后的两年里，一举拿下中国最大的牙哈凝析油气田，使塔里木盆地成为仅次于四川、陕甘宁的中国陆上第三大含气盆地。同时，牙哈油气田的发现，最终完成了塔北隆起油气分布的基本模式。掌握这种模式在探明牙哈油气田之后不久，又接连发现了羊塔克、提尔根北、玉东等一系列第三系"小而肥"的凝析油气藏。1995年，塔里木建成年产500万吨原油的产能，并成为中国油气储量增长最快最多的地方。

塔里木在油田开发上，采用世界第一流的先进设备和技术，建起具有国际水平的东河塘油田。它带来了一场国内油田开发上的革命，也带来了一场油田地面建设上的技术革命，开了油田开发采用先进成套技术之先河。此后所建的吐哈丘陵油田、克拉玛依的石西油田，均以东河塘为模板。轮南采油区、桑塔木采油区、塔中4采油区，是中西结合的国内一流的油田。在这里，现代化的计算机系统代替了古老的采油树和巡井小路。采油女工坐在电脑屏幕前，联合作业站的各种数据都会清晰地呈现在面前，成了巨型“活账本”。

中国石油天然气运输公司沙漠运输公司，在世界上可以算独一无二的。它的运输任务很特别。运输线不在公路上，而是在尚未修筑道路的沙漠腹地，只要石油工人们在沙漠深处找到了井位，沙漠运输公司就开始了骆驼穿越沙海一样的跋涉，推沙山，平沙谷，在没有路的荒漠里，把上千万吨的采油器材，运到井位上。沙漠运输公司的人也很特别。职工们无论老少，都穿着火红火红的信号服，为的是在茫茫沙漠中迷路时，寻找他们的人容易发现目标。

不用再多说了，从这些特别之处，我们不难体会到这项工作背后的艰辛。而艰辛对沙运司的人来说，更多的意味着奉献。从 1989 年春天奔赴塔里木石油探区以来，他们远离家庭，远离父母妻子，常年在沙漠里东征西战，付出了大量的辛劳，作出了巨大的牺牲。

最叹为观止的，是载入吉尼斯世界纪录的沙漠公路。塔里木会战开始后，一个急需解决的问题就是打通进沙漠的道路。中国石油天然气总公司决定投入巨资，修建一条横穿塔克拉玛干沙漠的高等级公路。在“死亡之海”修建公路，困难可想而知。总公司成立攻关小组，全国有关科研院所的专家学者多次进行现场实验。1991 年 10 月，经国家计委批准，沙漠公路列入国家“八五”重点科技攻关项目。1992 年，30 公里工业试验段公路伸进沙漠，破解了沙漠公路最大的技术难题。经过5年多的艰苦奋战，全长522公里的塔里木沙漠公路，终于在1995年9月全线贯通。这条公路在工程技术研究上，获得一系列新认识、新理论、新材料、新工艺方面的突破，其研究成果在总体上居于世界领先水平。塔里木沙漠公路工程被评为1995年全国十大科技成果之一，受到国家科委的奖励。这条公路的通车，使从库尔勒到民丰县的路程缩短了1000多公里，大大便捷了南北疆的交通运输，被南疆人民称之为“幸福之路”。从飞机上俯瞰，人们形象地把它称作是“地球上的黑飘带”。

2000年1月28日，朱镕基总理在与部分国有大中型企业代表座谈时，听取了塔里木油田分公司关于塔里木天然气资源落实情况的汇报，对塔里木“西气东输”工程作了重要指示。

2月14日，国务院召开专题会议，听取国家计委和中国石油天然气集团公司关于“西气东输”工程方案的论证汇报。朱镕基总理再次要求做好塔里木“西气东输”的准备工作，表示塔里木的西气东输是西部大开发的序幕。

3月15日下午，国务院总理朱镕基在人民大会堂会见前来采访九届全国人大三次会议的中外记者时说：“西部地域辽阔，交通不发达，首先要进行基础设施的建设。现在我们已经把国家的投资大量向西部倾斜。比方我们最近宣布的‘西气东输’工程。我们在新疆的塔里木地区发现了大量的天然气，我们已经决定从新疆修建4200公里的管道，经过8

个省、区、市，直达上海，这样，沿线地区的能源结构、产业结构都会发生很大变化。”

3月25日，国家计委在北京召开“西气东输”工程工作会议，对项目前期工作进行具体部署。会议宣布，经国务院批准，成立“西气东输”工程建设领导小组，国家计委副主任张国宝任领导小组组长，中国石油天然气集团公司总经理马富才与有关省区市负责同志任副组长。

4月4日，国家储量委员会在南疆名城库尔勒市正式通过了克拉2气田这个特大型整装气田储量的审核验收，确认这个气田的含气面积为47.1平方公里，探明储量为2506.16亿立方米。根据国家有关资料显示，此前我国探明的整装天然气田是位于我国南海的崖13—1气田。该气田的含气面积为49.9平方公里，探明天然气储量为1077亿立方米。克拉2气田的探明储量相当于崖13—1气田的2.3倍。

国家储量委员会评审组的专家认为，克拉2气田的丰度和产能之高为国内所罕见。这个气田储集性能好，分布稳定，气层平均有效厚度达154米。经过系统等时测试，克拉2气田的单井产能每天可达到150万立方米以上，气田的设计年产能力可达100亿立方米，可稳定生产14年，具有强大的抗风险能力。至此，塔里木盆地已经探明了克拉2、和田河、柯克亚等6个大中型气田，累计探明储量已达5040亿立方米。

这条长达4200公里的输气管道，是从新疆塔里木直奔经济发达的上海长江三角洲，途经新疆、甘肃、宁夏、陕西、山西、河南、安徽、江苏、上海 9 个省（自治区），初期年输气能力达到 120 亿立方米。这条管道是当时中国输气量最高、距离最长、管径最大的一条国家级天然气管道，在世界上也算得上是一条比较长的天然气管道。

21 世纪是“天然气世纪”。“西气东输”工程是连接我国东西部的能源纽带，必将拉动国民经济的增长，扩大内需，增加就业，促进沿线省区市的产业结构和能源结构的调整，而且带动钢铁、建材、安装等相关产业发展。同时，有利于沿线数亿人民生活质量的提高，有利于改善大气质量，保护生态环境，有利于可持续发展战略的实施，有利于缩小东西部差距，稳定西部边疆。

塔里木油田勘探开发的历史，是一部油田与地方经济共同发展的历史。新疆维吾尔自治区通过塔里木“西气东输”的巨大发展机遇，再次获得了十分可观的经济效益和社会效益。

十七 再战陕甘 长庆凯歌

陕甘宁盆地在 20 世纪 70 年代初进行大规模石油会战，相继建成了马岭、马家滩、吴旗等 17 个油田，使原油年产量达到 140 万吨。20 世纪 80 年代中期，在陕北探明了石油地质储量上亿吨、整装连片的安塞油田。

为了科学有效地开发安塞油田，长庆石油勘探局组织技术人员到美国 CER 公司学习，并做油田开发可行性方案。美国专家在研究 3 口井资料数据后，连声喊“NO! NO!”他们认为这样的油田在国外被称为“边际油田”，靠中国现有的技术和实力去开发是根本不可能的。

长庆石油人抱着为国争光、为石油人争气的雄心壮志，开始了艰难的探索。1988 年，在安塞地区拉开了产能建设的帷幕，先搞了 6 万吨先导性开发实验，取得了初步经验。1989 年，又在安塞地区进行工业性开发实验，建产能 8 万吨。为了攻克特低渗透油藏开发难关，科技人员在实践中总结出了油层压裂改造、丛式钻井、精细注水、油藏模拟等 8 项配套工艺技术，使单井产量由平均不到 2 吨达到 4 吨，个别井组甚至达到 10 吨以上。在地面建设上，总结出“从简、从省、从快、广泛采用新工艺”等建设原则，高速度、高效益地建设了王窑、侯杏、坪桥三个不同的油区开发模式。进入 20 世纪 90 年代后，安塞油田开发力度逐年加大，每年新建产能 10 余万吨。1994 年新建产能达 31 万吨。1996 年，安塞油田生产原油达 101 万吨，创造了低渗透油田开发史上的奇迹。中国石油天然气总公司在安塞油田召开全国低渗透油田开发现场会，总结出了“安塞模式”，向全国石油企业推广。

在开发安塞油田过程中，有许多可歌可泣的事迹。王三计量站所在地有个坡度 70 度、高 30 米、长 3800 米的大陡坡，俗称“阎王坡”。当地流传这样的民谣，“上了阎王坡，十人九哆嗦，从上往下看，吓得魂胆落。”王三计量站平均年龄 22 岁的采油工每天在坡上爬上爬下，硬是用自己的双脚踏出了一条创业之路，并把这个坡称为“好汉坡”，还写下充满豪情的诗句，“好汉坡上好汉多，风似钢刀雨如梭。让那青春来拼搏，不愿岁月空蹉跎”。为了宣传这种艰苦创业的精神，1991 年安塞油田的共青团员在“好汉坡”修起了463个台阶的巡井小道，总结完善了“热爱油田、爱岗敬业、以苦为荣、无私奉献、科学求实、永攀高峰”的“好汉坡精神”，并把“好汉坡”命名为全油田爱国主义教育基地。1995年中国石油天然气总公司总经理王涛视察安塞油田时，专门攀登了“好汉坡”，并题词“安塞油田出好汉，好汉坡上好汉多”。

陕甘宁盆地的天然气勘探历经艰辛，充满坎坷。自从1969年在宁夏灵武县境内的刘家庄构造上钻探的刘庆1井打出天然气后，多年南征北战，东征镇川，西占西缘，南跳龙门，北下临河，到1987年年底，先后钻各类探井64口，总进尺17万米，找到一些含气构造，获得了一些工业气井。特别是1986年，在盆地西缘天环坳陷北端部署的天1井，在钻至3934米进入奥陶系后，出现异常现象，中途测试获得16万立方米的高产气流，着实让人喜悦了一阵。但随即在距天1井3公里处部署的天2井，却一无所获。重上地震详测，资料显示这是个极为破碎的小断块，由于圈闭差，面积小，勘探未能取得突破。

在困惑与探索的感悟中，总地质师杨俊杰和地质家们转变了在单一构造下找油找气的观念，加强了对盆地基本地质构架、古生界成气地质条件、古生界7个找气领域的研究，对资料进行了认真分析。长庆石油局领导研究了新的勘探形势，提出了“油气并举”的方针，确定把找气的重点战场由盆地边缘转向盆地中部的中央古隆起。早在1976年，地质工作者综合各种资料后，就提出在陕甘宁盆地中部存在着一个中央古隆起，当时，许多人对此持将信将疑的态度。后来庆深 1 井、庆深 2 井钻探的资料，证明了这个中央古隆起的存在。

20 世纪 80 年代初期，随着物探二维地震资料精度的提高，在地质图上中央古隆起的轮廓越来越清晰，引起了地质家们的高度重视。他们不断追踪研究新的资料，认为中央古隆起面积大约 6 万平方公里，呈北高南低趋势，这里下古生界碳酸盐岩比较发育，上面又有一套泥质岩作盖层，应该是找气的有利地区。

1987 年，石油部勘探开发研究院准备在全国选择 10 口科学探索井。听了长庆局地质专家的意见，看完有关资料后，翟光明院长很感兴趣，他让长庆局进一步完善相关资料，再做专题汇报。汇报时，勘探院童晓光等地质专家对地质和钻井设计资料进行认真审核，同意在林家湾构造的短轴背斜上钻探一口科学探索井，并正式定名为陕参 1 井，翟光明院长为此拨出专项经费。1987 年 5 月 28 日，勘探开发研究院地质所西部组组长张传淦、天然气地质专家戴金星与长庆局副总地质师宋四山等人，去靖边重新确定了陕参 1 井井位。长庆局领导选择了钻井三处标杆钻井队 6042 队来打这口关键井。因为四川的高产气田就是在这种白云岩找到的。针对这种情况，领导和专家在现场研究决定，停钻试气，获得 5.9 万立方米的天然气。随后，经过 4 个多月的精心准备，对陕参 1 井进行大型酸化压裂施工。1989 年 6 月 22 日，陕参 1 井喜获高产气流，日产天然气 28.6 万立方米。两个半月后，距陕参 1 井 40 公里的榆 3 井在同一层系获得 13.8 万立方米的高产气流。经历了多年的期盼与追求，陕甘宁盆地的天然气勘探终于迎来了腾飞的春天。

1989 年 10 月，长庆石油勘探局在中国石油天然气总公司领导的支持下，作出了“探规模、定类型”的部署与决策，把天然气勘探的重点集中在中央古隆起的北端 3200 平方公里范围内，打了 8 口重点探井，连连告捷，特别是陕 5 井、陕 6 井分别获得日产 110 万立方米和 126 万立方米的高产气流，取得了天然气勘探的重大突破。

1995 年长庆气田大规模开发建设开始。经过一年产能建设会战，气田内建成了 73 口气井，34 座集气站，4 条总长达 728 公里的采气、集气管线，亚洲最大的天然气净化厂崛起在毛乌苏沙漠的边缘。与气田建设相配套的通信、供电、供热、公路、环保设施等 12 项工程相继竣工投产。

1997 年 7 月 1 日，全长 488 公里的靖西输气管线自陕北南下到达西安；9 月 10 日，全长 860 公里的陕京输气管线，穿越黄土高原，横跨黄河燕山，经历三省一市 22 个县到达首都北京。国务院副总理邹家华、吴邦国等在陕京线北京调控中心同时按下点火装置按钮，来自陕甘宁盆地的纯净天然气从 30 多米高的火炬口喷涌而出，熊熊燃烧。1998 年 10 月 1 日，全长 360 公里的靖银输气管线竣工，圣火再次在塞上古城银川点燃。

在长庆气田的勘探开发建设中，会战前线党委响亮地提出了“拿下一个大气田，建设一支好队伍”的指导思想，在艰苦环境中着力培养了队伍特别能吃苦、特别能战斗、特别能服众、特别能奉献、特别能创造的“五种精神”，涌现出了许多可歌可泣的动人事迹。钻井三处副处长蔡建绥、张玺，运输处司机麻述等为了早日拿下大气田献出了自己宝贵的生命。原中央顾问委员会委员陈舜瑶在视察大气田后在《求是》杂志撰文《地火和心火》指出，长庆职工培育的“五种精神”，是比天然气藏更加宝贵的财富，烧旺心火，才能找到更多的地火。

2000 年陕甘宁盆地天然气勘探又有了新的发现和突破。在内蒙古伊克昭盟苏里格地区打出了日产 156 万立方米的高产气井，发现了一个特大型气田，天然气储量规模在 5000 亿立方米以上，再次引起了举世瞩目。不到 10 年时间，长庆大气田累计探明储量已达到 7800 亿立方米，成为中国名副其实的第一大气田。西部大开发的标志性工程“西气东输”的第一期工程，也从长庆大气田开始启动。

十八

资产重组　三油鼎立

1998年阳春三月，举世瞩目的全国人大九届一次会议在北京召开。3月10日，大会审议通过了国务院机构改革方案，郑重向世人宣布：将化学工业部、石油天然气总公司、石油化工总公司的政府职能合并，组建国家石油和化学工业局，由国家经贸委管理。化学工业部和两个总公司下属油气田、炼油、石油化工、化肥、化纤等企业以及石油公司和加油站，按照上下游结合的原则，分别组建两个特大型石油石化集团公司，为下一步改制上市打好了基础。

这次重组牵涉人员隶属变动270万人，资产8500多亿元，覆盖面从国务院有关部委直至县级加油站，其改革力度之大、运作速度之快、组建企业集团规模之宏伟，在中华人民共和国企业改组史上堪称“国字第一号”，在世界上也实属罕见。当然，这次重组对于石油企业体制改革、建设现代企业制度具有非凡的意义。

2000 年 4 月 7 日，中国石油在中国香港成功上市，而后，中国石化和中国海洋石油也成功进入了海外资本市场。

中国石油等三大国家石油公司上市，是 21 世纪中国进一步扩大对外开放的重要标志，预示着我国石油石化工业对外开放进入了产权融合的新的历史时期。

20 世纪 90 年代以来，中国石油大力贯彻国家鼓励企业“走出去”发展战略，积极对外投资，寻求国际合作。

1995 年，中国和苏丹开始石油合作，在中石油苏丹项目投产以前，苏丹石油消费几乎全部依赖进口，这种局面严重制约了苏丹经济的发展，中石油与苏丹政府和人民一道合作，在苏丹建起了比较完备的上下游一体化的现代石油工业体系。

苏丹地处热带，夏季气温高达 50 摄氏度以上，马来热等疾病流行，严酷恶劣的环境对施工人员的健康构成很大威胁。苏丹经济基础薄弱，工业基本上是片空白，物资装备要从世界各国进口。在这样的条件下，连实力雄厚的西方大石油公司也望而生畏，他们预言，中国石油人在短时间内将难以完成这一重大项目。

油田、管道、炼厂三项工程建设，犹如 3 块难啃的硬骨头，摆在了中国石油人的面前。

1999年，中国石油人来到了尼罗河畔，在他们手中，是要穿越尼罗河的管道。

尼罗河是世界第一长河。它横贯苏丹，孕育了灿烂的文化。但尼罗河河床下的地质情况却十分复杂。探测表明，底下有670多米砂岩、70多米的砾砂层、120多米的黏土和沙土层。尼罗河的复杂地质情况令不少著名的国际管道公司却步，在中国人到来之前，尚无成功穿越尼罗河的先例。

在实验过程中，由于钻机到货晚，美国专家又借口苏丹工程受到美国制裁而拒绝到场指导，虽然经过两个多月的努力，还是失败了。一时间，穿越尼罗河成了全线工程的“卡脖子工程”。

中国石油人没有气馁。1999年3月6日，管道三公司移师尼罗河畔，搭起了帐篷，开始了新的努力。石油人非常清楚，经历了一次失败，他们承担着巨大的外界压力；也意识到穿越工程已经成为了中国石油苏丹项目的关键难题，直接关系到项目的工期和质量。大家都铆足了劲，奋力投身工作。队伍里有人得了热带的马来热，高烧不断，但是没有一个人请假。病人都只是抓紧换班的机会打针吃药后，又挺着身体走上前线。

作为该项目工程监理的加拿大人马克斯先生每天都要到工地来查看工程情况。他来到工地里一个不足10平方米的棚子，看到几位中国工人正躺在地上又潮又湿的编织袋上休息。马克斯看看烈日，告诉他们地面的气温已经高达70摄氏度。劳累的工人们善意地摇头，笑笑。马克斯先生也摇摇头走开了。第二次，他又看到小棚里躺着几个人，其中包括项目总经理赵国泉和书记赵金富。马克斯又摇摇头，告诉两位中方负责人，这里离喀土穆市中心只有 30 公里，你们为什么不回去休息呢？这回，中国人还是只是善意地摇头，笑笑。

马克斯惊叹道：“这些中国人疯了！”

让外国人更加难以理解的事情还在后面呢。三天以后，钻头拔出，工程进行扩孔，泥浆的需求量大增。管道公司自己设计的泥浆回收系统生产的泥浆黏度不够。泥浆的黏度直接关系着穿越的成功与整个工程的质量。大需求、高质量的要求使得泥浆车开足了马力，发出了嘟嘟的报警声。

现场的中国工人都很着急，眼看着只有大家跳入泥浆车用身体去搅动泥浆的办法了。但是中国工人配置非常紧张，每个人都有自己的岗位，不能离开。而在场的苏丹民工又拒绝跳入含碱度极高的浓浆中去。怎么办？石油工人都焦急地相互注视，感到无计可施了。泥浆车的警报越来越刺耳，眼看着就要停钻了。

一个声音在千钧一发时高喊：“我来试试！”大家的目光搜索到了保管员郭照明身上。只见他迅速跳入泥浆车，艰难地用自己瘦弱的身体搅动起泥浆来……一圈又一圈，他用自己的生命在保证泥浆的质量，在维护中国人的声誉。其他石油人饱含热泪，收回注视的目光，拼命完成自己的工作，圆满完成了扩孔任务。

保管员是工地上一个负责协调、提供后勤服务的岗位，是唯一一个可以暂时脱离工作的人。从部队转业的郭照明当时正好45岁，恰好是当年“铁人”王进喜跳入泥浆池用身体搅拌泥浆的年龄。当年的铁人精神在40年后被中国石油人牢牢继承，并在异国他乡得到了发扬光大。铁人精神在新时期为国家争了光，为民族争了气。

1999年4月13日，石油管道终于从河床下爬上了尼罗河的对岸。这是世界上第一个横穿尼罗河的管道工程。中国石油人征服了这条世界第一长河！

在海外作业中，他们不仅仅付出了鲜血与汗水，有的还付出了生命。中国石油人不仅圆满完成了一项项海外石油作业，也全面提升了自己的海外开发能力，提升了中国在世界石油市场中的地位。中国石油的海外项目锻炼了一支顽强拼搏、优质高效的英雄队伍，他们克服恶劣的生活条件和巨大的工作压力，为国家赢得了一份又一份的骄傲。

可能在很多人眼中出国是去悠闲度假，是享受外国的美丽风光与美味佳肴，或者是迎接一段奇妙的经历、有趣的故事，但是在中国石油海外作业员工的眼里，绝不是这样的。

不论是在秘鲁、委内瑞拉、中亚还是苏丹等地，生活与工作条件都远远比不上国内的水平，更不用说“国际标准”了。开始的时候很多石油人长年累月生活在集装箱里，床铺是可以随时卷起来转移的简易铺盖，桌椅是就地取材自己动手加工的。即使是地处热带的委内瑞拉，很多职工的房间里都没有空调，甚至连正常的供电都不能保证。广大海外石油人并没有忘记自己肩负的神圣使命与重大责任，处处为国着想，为国奉献。

中国石油人讲信誉，重承诺，面对困难毫不畏惧。他们充分发挥整体优势，按照国际先进水平，以油田、管理、炼厂三项工程为主战场，高举中国石油的大旗，发扬“有条件上，没有条件创造条件也要上”的铁人精神，冒酷暑、涉泥沼、搏风沙，克服了许多难以想象的困难，在苏丹大地上书写了中国石油的辉煌。

仅用 18 个月的时间，成功地完成了 1/2/4 区千万吨级油田产能建设；仅用 11 个月的时间，完成了输油管线建设；仅用 20 个月的时间，在一片寸草不生的戈壁荒滩上完成了喀土穆炼油厂建设。

1999 年 8 月 30 日，红海之滨的苏丹港，一艘满载苏丹 60 万桶原油的油轮起程远航。2000 年 5 月 16 日，喀土穆炼油厂 38 个单元全部实现投产一次成功。它向世人宣告：苏丹从原油进口国一跃成为出口国，苏丹拥有了上下游一体化的现代石油工业体系。数万群众载歌载舞，欢庆这一时刻。巴希尔总统高兴地说：“苏丹石油工业的开创，贡献最大的是中国，干得最出色的是中国石油。”

石油出口促进了苏丹经济快速发展。从 2000 年起，苏丹财政首次出现盈余，国内紧缺的航煤、汽油和柴油等得到了充足供应。十年来，仅 1/2/4 项目已为苏丹政府实现收入 120 亿美元。2005 年 11 月，巴希尔总统会见中国石油集团领导时说："中国石油不仅给我们带来了石油，也给我们带来了和平！"

在哈萨克斯坦，自 1997 年以来，中石油秉承与哈萨克斯坦政府和人民一同发展的理念，为当地政府上缴了大量税金，为当地人民创造了 1.45 万个就业机会。而且，中石油还解决了哈萨克斯坦项目中一些老油田的稳产增产难题，新发现了一批大型油田，为哈萨克斯坦充分利用和开发当地的油气资源作出贡献。

在伊拉克，中国石油不仅帮助伊拉克重新恢复了石油生产的信心，"中国速度"更成为推动巨轮前行的新动能。"中国速度"不仅让国际石油公司夸口称赞，更成为中国企业拿下更多项目的制胜法宝。如今，中国石油凭借在伊拉克项目中干得又好又快的表现，得到伊拉克历届政府的高度认可，并主动提出重大战略项目与中国石油合作。

中国石油的海外业务经过 20 多年的发展，在经历了起步、规模扩张、快速成长等阶段后，进入了稳健发展的关键阶段。目前，中石油海外业务分布在全球 35 个国家，投资运作 91 个油气投资项目，建成了中亚—俄罗斯、非洲、中东、美洲、亚太五大油气合作区；国内西北、东北、西南和海上引进境外资源的四大油气战略通道建设快速推进；亚洲、欧洲和美洲三大油气运营中心实现规模运营；同时还有

1392 支海外工程技术服务队伍在 53 个国家作业；工程建设队伍和物资装备出口遍布全球。中国石油海外油气投资业务与工程技术、工程建设、装备制造等服务保障业务一体化协调发展的格局已经形成。

2018 年，中石油海外油气作业产量当量达到 1.72 亿吨、权益产量当量接近 1 亿吨。海外油气业务的快速发展，保障了国内油气的正常供应，成为中石油海外业务发展史上的一个重要里程碑。

中国石油成为落实国家“走出去”战略、推进国际能源合作的先行者和主力军，在国家“一带一路”合作倡议实施中发挥了重要作用，作出了积极贡献。

十九 页岩气田　绿色开采

进入 21 世纪以来，美国率先在页岩气理论技术及成本管控上实现重大突破，拉开了“页岩气革命”大幕，进而在全球能源领域掀起一场大变革。中国也积极投身这场重要的能源变革中。

页岩气在 2011 年 12 月被中国国务院批准为第 172 个独立矿种。

2008 年中国石油在四川盆地长宁构造钻探了中国第一口页岩取芯井——长芯 1 井。该井由中国石油勘探开发研究院设计，开钻时间为 2008 年 11 月 17 日，设计深度为 200m。该井全井段取芯，共取芯 154m，页岩吸附气样品 14 个，GR 值测定 780 个，获取了大量志留系页岩岩芯样品，采集TOC等地球化学样品和岩矿样品200多个。通过这口井对页岩吸附气含量等多项数据进行了全面分析。

2009年12月，中国石油西南油气田分公司在威远构造部署了中国第一口页岩气井——威201井，该井位于四川盆地威远震旦系顶构造东翼轴部，钻探目的是获取下古生界志留系龙马溪组和寒武系九老洞组黑色页岩的地球化学指标、岩矿特征、物性参数、岩石力学性质等资料，并评价其含油气性。2010年9月20日，压裂改造储层后，在下古生界寒武系九老洞组黑色页岩段获日产$1.08 \times 10^4 m^3$工业性气流。

2010年12月28日，中国石油与壳牌石油公司合作的第一口页岩气井“阳101井”开钻，该页岩气井位于四川富顺区块，是中国第一个中外合作的页岩气勘探开发项目。

2011年1月，中国石油西南油气田公司威201—H1井开钻，4月15日完井，7月2日完成威201—H1井总共11段压裂，压裂施工阶段应用井下微地震监测技术对现场施工方案进行实时调整。储层改造作业创造国内页岩气水平井压裂段数最多和单井用液量最大等多项纪录。8月2日，威202—H井开始试采。

2011年5月，中国石油川庆钻探公司在威201—H3井开钻，这口井是国内第一口以筇竹寺组为目的层的页岩气水平井，也是国内第一个页岩气丛式水平井组的第一口井。5月29日，该井平均机械钻速和钻机月速高达6.49m/h和

1967m/台。

2011 年 8 月，中国石油浙江油田分公司在筠连县明确了滇、黔北页岩气有利层系，初步探得该县沐爱镇实验区页岩气资源量为 $6000\times10^8m^3$，其中优质页岩气层储量为 $1400\times10^8m^3$，并优选筠连地区作为页岩气先导示范区。

中国石化目前拥有 42 个页岩气区块，勘探面积达 $19\times10^8km^2$。主要勘探区域位于上扬子、下扬子地区，下扬子地区一般指皖、赣、苏、浙长江中下游地区的寒武系—志留系和二叠系。

2010 年 12 月 21 日，同样在四川，中国石化勘探南方分公司对元坝 9 井自流井组东岳庙段湖相泥页岩气层实施大型压裂测试，在井深 4035～4110m 井段探明页岩气日产量 $1.15\times10^4m^3$，这是中国石化首次获得日产过万立方米的页岩气井。

经过 10 年的不懈探索，中国石油人在页岩气基础理论及先进适用技术研究方面硕果累累。一是揭示我国页岩气发育构造单体型“甜点”、大面积连续型“甜点区”两种类型页岩气聚集模式，探索形成了我国两类页岩气形成与资源评价的方法，形成海相连续型超压页岩气地质理论，确定海相页岩气为优先发展对象。二是建立起国家能源页岩气研究中心，为我国页岩气系统基础研究搭建了平台。三是通过地震、测井、岩芯、露头等一系列扎实的工作，确立了奥陶系——五峰组到志留言系——龙马溪组这一套优质页岩气富集层段，确定了我国页岩气勘探开发首选目的层系。四是推动长水平段体积压裂、微地震监测等一系列核心技术的成熟与运用，为页岩气实现有效开发奠定了基石。五是推广了平台式工厂化生产模式，实现了页岩气的快速突破。六是形成了一套页岩气安全环保工艺技术，实现了页岩气绿色开采。

二十 渤海之滨　又传佳音

康世恩等老领导念念不忘要在环渤海地区找出更多的石油，今天的石油人始终牢记前辈的嘱托，呕心沥血，不懈努力。近几年来，海洋石油、辽河油田在渤海湾的勘探开发都有很大进展。大港油田更不甘示弱，一直积极推进。

2013年，大港油田在渤海湾的官东6×1井获得了页岩油工业油流。之后，持续加快页岩油领域勘探步伐，先后部署了15口页岩油直井，均获工业油流。在这个过程中大港油田通过理念创新，突破常规石油勘探观念禁区，成功定位陆相页岩油勘探开发主战场；先后对3口井主力层段系统取芯，进行厘米级岩芯精细描述和上万块次的分析，创新形成了陆相页岩油富集理论认识；针对页岩油自身无自然产能，需要改造才能开采的难题，创新形成了细粒沉积岩识别、甜点体评价预测等国内外专利技术和16项配套技术，支撑了页岩油勘探开发；通过勘探开发一体化、地质工程一体化等管理创新，实施工厂化作业摊薄成本，在提高页岩油勘探开发效益的同时，带动了页岩油勘探开发整个产业链向高端迈进。

经过三年多创新实践，官东1701H、官东1702H两口页岩油水平井以260余天的长时间稳产，累产万方，实现了陆相页岩油工业化开发，既弥补了陆相页岩油在国内外学术研究上的空白，促进了学科体系的进一步丰富和完善，也实现了陆相页岩油勘探开发关键技术和配套技术的快速发展，为中国陆相页岩油革命奠定了重要基础。这一成果被中国石油授予“2018年油气勘探重要发现一等奖”。

今后，中国石油将进一步加大力度，采取“三步走”战略，努力把大港油田页岩油勘探开发建设成为国家示范工程。第一步，落实储量、夯实基础。到2019年年底，新建产能11万吨，年产油5万吨，为打造示范区夯实基础。第二步，创建标准、建成示范。到2022年，建成中国陆相页岩油勘探开发示范区，带动东部页岩油勘探开发。第三步，规模上产、引领发展。到2025年，整体增储3亿吨，新建产能100万吨，年产油50万吨，创新形成一套效益开发方式，为中国页岩油革命提供经验借鉴，引领中国石油陆相页岩油发展。

二十一 神狐海域　大放异彩

可燃冰，学名天然气水合物，是天然气和水在高压低温的条件下形成的类冰状结晶物质，燃烧值高、污染小，清洁环保。它广泛分布于全球大洋领域，以及陆地冻土层和极地下面，资源量被认为是全球已探明传统化石燃料碳总量的两倍，是未来能源发展的战略制高点。

20 世纪 30 年代初，苏联学者在西伯利亚输气管道中首次发现了自然形成的可燃冰，1946 年苏联学者最先提出在永久冻土带有可燃冰的假想。20 世纪 60 年代开始，苏联、美国、德国、荷兰相继开展天然气水合物的结构和热动力学研究。1960 年在西伯利亚发现了第一个可燃冰气藏——麦素雅哈气田，并于 1969 年投入开发，产气总量为 50.17 亿立方米（约为该气田总产气量的36%）。

世界第一个可燃冰气藏的发现和开发以及在地层中可燃冰自然样品的获得，对20世纪后叶可燃冰的综合研究和勘探、评价及研究领域迅速扩大，研究国家不断增多，起了重大推动作用。美国、日本、印度、俄罗斯、德国、加拿大、挪威和巴基斯坦、荷兰在寻找海洋可燃冰上均有较大投入，并取得显著的进展。

目前，世界上已经有40多个国家和地区开展了可燃冰研究或调查勘探，已有100多个国家发现了可燃冰的存在标志和实物样品，其中海洋78处、永久冻土带38处。可燃冰研究的国际领先机构主要包括美国地质调查局、俄罗斯科学院、东京大学、加拿大自然资源理事会、中国科学院、中国国土资源部广州海洋地质调查局等。近年可燃冰的研究已经进入了突破阶段，国际上有三个公认的开发试验区：一是加拿大马更些三角洲和美国阿拉斯加北部斜坡的永久冻土区；二是日本南部海槽；三是美国的墨西哥湾。在这些参与可燃冰开发的国家中，除俄罗斯成功开采了西西伯利亚永久冻土带麦索亚哈可燃冰气田之外，加拿大已经完成了可燃冰的试验性开采，日本和美国都已确定了商业开采时间表。

1969年，美国就已经开始实施可燃冰调查，1972年美国学者和苏联学者分别在阿拉斯加北极斜坡第三系中和黑海海底沉积物中取得可燃冰天然样品。1998年5月24日，美国参议院能源委员会通过1418号议案《天然气水合物研究与资源开发计划》。该议案将可燃冰列入美国战略能源规划，要求美国能源部2015年实施商业性开采。以美国为首的深海钻探计划及其后续的大洋钻探计划也相继在中美洲海沟陆坡、太平洋秘鲁海沟陆坡、大西洋布莱克洋脊、墨西哥湾、加利福尼亚北部海域、北海、日本近海、北大西洋的斯瓦尔巴尔特陆坡、尼日利亚近海等地点发现了可燃冰。美国为此还制定了有关可燃冰的相关法律。近年来，美国也加强了对可燃冰的资源评价，确定了在墨西哥湾的美国专属经济区内分别有可燃冰混合成因和生物成因两种极富前景的气藏。

俄罗斯已经进入初级工业开发阶段。2007年2月18日，美国阿拉斯加冻土区成功打出了可燃冰实物样品，并准备进行试生产，计划到2015年进行商业性试采。加拿大、日本和印度等国已将可燃冰的开发利用研究提到能源战略、国家安全以及环境生态的高度来看待，纷纷制订各自的国家可燃冰发展战略和大型国家研究发展计划。由于能源匮乏，日本1992年开始重视海洋可燃冰，1995年投入150亿日元制订了5年期“甲烷水合物研究及开发推进初步计划”，并在2010年进行试生产。2007年3月，来自日本、美国和德国的几家公司和科研机构在加拿大西北部海域进行了一次联合试验开采，这次开采基本上获得了成功。试验中，工作人员钻了一口深1200米的井，井一直通到可燃冰层，通过井注入温水后，可燃冰的甲烷便溶在了温水中，然后把溶有甲烷的盐水再抽回地面，进行分离得到甲烷。目前，日本已基本完成周边海域的天然气水合物调查与评价，并钻探了 7 口探井，圈定了 12 块矿集区，并成功取得可燃冰样品。

全球的可燃冰商业利用的竞赛已经全面开始，美国、日本、加拿大、俄罗斯和德国已经成为这个产业开发的领导者。俄罗斯、日本、韩国、美国、加拿大、印度等国家已经成为可燃冰开发的全球中心区域。各国竞相开发可燃冰，无疑会推动可燃冰的开发利用进程，将使人类早日步入新的能源时代。

开发可燃冰是对人类的挑战。对于一个国家来说，往往限于某种条件而力不从心，这就需要国际合作，整合资源，携手并进。事实证明，国际合作取得了丰硕的成果，加快了人类开发可燃冰的进程。

20 世纪 70 年代以后，通过国际合作的大洋钻探计划（ODP），美国、加拿大、日本、德国、韩国和印度等单独或共同合作在可燃冰领域进入了大规模发现的阶段，进行了工业化钻探实验性开采，已经形成了似海底反射层（BSR）、钻孔取芯、测井等天然气勘探技术体系；也确定了可燃冰成藏的基本条件。1997 年，以美国为首的国际深海钻探计划（DSDP）及其后继的大冰洋钻探计划（ODP）在 10 个深海地区发现了大规模可燃冰聚集。

2002 年，日本、加拿大、美国、德国、印度展开共同研究活动，在加拿大首先实现了从地下的可燃冰层里向地表输送甲烷气体。

德国虽然没有自己的深海，但对水合物的研究非常感兴趣，尤其重视国际合作。在20世纪80年代后期，德国曾利用“太阳号”调查船与印尼等国合作对西南太平洋海域进行调查，在苏拉威西海发现了水合物的地震标志——似海底反射层。

1998年度，德国又与俄罗斯合作，开展鄂霍茨克海水合物调查。1998年至今，德国基尔大学Glomar研究所对美国俄勒冈州西部大陆边缘卡斯凯迪亚消减带的水合物海台进行勘查，发现有水合物矿藏。

很多国家对可燃冰寄予厚望，希望可燃冰能缓解能源紧张的局面，成为新的替代能源。因此，开发可燃冰已成为很多国家能源发展的国策。开采可燃冰是否会对人类赖以生存的环境产生影响呢？许多国家都已经关注到这个重要问题，如果大量开发可燃冰，人为破坏这种自然调节的平衡，将会产生怎样的后果呢？这些国家大都双管齐下，一方面大力进行可燃冰的勘探和开采活动，一方面加紧研究这种活动可能对环境造成的影响。地球的环境关系到全人类，环境问题也不是哪一个国家的问题，是一个国际性的问题，因此世界各国也都应该联合起来，对这一问题进行深入研究。目前，很多国际机构和国家正在加紧开展这方面的合作研究。

2016年5月30日，习近平总书记在全国科技创新大会、两院院士大会、中国科协第九次全国代表大会上指出，“深海蕴藏着地球上远未认知和开发的宝藏，但要得到这些宝藏，就必须在深海进入、深海探测、深海开发方面掌握关键技术”，向中国科技工作者发出了向深海进军的号令。

作为可燃冰勘查研究的牵头单位，中国地质调查局基于中石油海洋工程公司多年浅海作业积累的丰富经验和良好的合作关系，决定把神狐海域可燃冰试采项目任务交由该公司承担。

这一世界级资源勘探开发难题带来的压力也非同一般：钻井、固井、测试，每一个环节都面临着与常规油气开采全然不同的挑战。

为了破解可燃冰的“密码”，中国石油天然气集团公司专门成立试采工程项目协调领导小组，由党组成员、副总经理汪东进担任组长，抽调各路专家，集中技术资源全力攻关。

“当时没有成功经验可以借鉴，每一项技术都要自己去摸索。”海洋工程公司党委书记、总经理、前线总指挥彭飞说。

时间紧、任务重。接到试采项目后，海洋工程公司立即开展全球范围的调研，整合国内外人力、设备和技术资源。赶在项目实施前，他们进行了 500 余次技术交流、2400 余组实验研究与数字模拟，拿出了 7 份技术调研报告、21 项研究成果报告，所有施工方案都通过“虚拟现实”做过演练。

随着项目推进，团队无时无刻不在“与时间赛跑”。

虽然我国在天然气水合物领域的研究起步晚，但是已经取得丰硕的成果。随着研究的深入，天然气水合物资源勘察资金的投入也逐渐由单一的国家调研项目经费转变为由国家调查专项、国家 863 计划项目、973 计划项目及三大石油公司的勘查项目形成的立体、多层次的投入体系。研究单位既有国土资源部、国家海洋局、科技部等国家部委，又有中国科学院、地质科学院、中国地质大学、石油大学、同济大学、南京大学及中国海洋大学等科研院所，还有中国海洋石油总公司、中国石油化工股份有限公司及中国石油天然气集团公司等公司形成的管理与科技队伍，这为我国天然气水合物资源产业的发展奠定了良好的基础。

从 2017 年 5 月 10 日开始，我国在南海神狐海域海底天然气水合物矿藏中首次成功开采出天然气，并试气点火。在水深 1266 米的海底，203～277 米储层的可燃冰经降压分解后，甲烷气体沿着气液分离管道，从平台燃烧臂内喷涌而出，熊熊火焰在蓝色大海上格外耀眼。

2017 年 5 月 18 日，这是一个让国人振奋和自豪的日子，我国首次开展海域天然气水合物（可燃冰）试采获得圆满成功！冲天而起的火焰标志着我国清洁能源可燃冰勘查、试采迈上了新台阶。

18 日 10 时，中国国土资源部在距离珠海 320 公里的“蓝鲸 1 号”钻井平台上，召开了可燃冰试采现场会，姜大明部长向世界庄严宣布：我国首次海域天然气水合物（可燃冰）试采成功！这是我国首次，也是世界首次成功实现了资源量全球占 90%以上、开发难度最大的泥质粉砂型天然气水合物（可燃冰）安全可控开采。

中国于 2017 年在南海成功试采可燃冰，“蓝鲸 1 号”钻井平台技惊世界的壮举，中海油海洋石油 708 深水工程勘探船也几乎同时成功执行了这一任务，并促成了国产可燃冰取芯技术及工具跃入国际先进行列。

胜利钻井院用 3 年时间，成功研发出保温保压取芯装置、带压转移装置、送入回收装置、集气点火装置、冷却装置等一整套取芯工具，全部拥有自主知识产权，先后获得 25 项专利授权。

为推进我国可燃冰产业化进程，2017 年 7 月 17 日，国土资源部、广东省政府和中国石油天然气集团公司在广州市联合召开了天然气水合物产业化工作座谈会。国土资源部党组书记孙绍骋、广东省省长马兴瑞、中石油海洋工程公司副总经理彭飞出席。会议提出：尽快签署三方合作协议，启动南海神狐海域天然气水合物勘查开采先导试验区建设，完善细化先导试验区建设总体方案，加强科学技术创新和研发基地、港口码头、管网等基础设施建设，共同推进天然气水合物产业化进程，力争让这一清洁新能源早日服务于经济发展，为保障国家能源安全、推进绿色发展作出新的贡献。

8 月 24 日，国土资源部、广东省政府、中国石油天然气集团公司在北京签署推进南海神狐海域天然气水合物勘查开采先导试验区建设战略合作协议，明确了联合建立南海神狐海域天然气水合物勘查开采先导试验区，加快推进天然气水合物勘查开采产业化进程。

11 月 16 日，经国务院批准，天然气水合物成为我国第 173 个矿种。可燃冰的法律地位从此正式确立。我国的可燃冰勘查和开采，迎来全新的发展时期。

正如中共中央、国务院在可燃冰试采成功的贺电中所说，“海域天然气水合物试采成功只是万里长征迈出的关键一步，后续任务依然艰巨繁重”，但我们相信，在不久的未来，中国人一定能够实现可燃冰能源“从钻台走到灶台”的梦想。

开发利用新能源是应对能源、环境挑战，促进经济可持续发展的重要战略举措。中国石油新能源开发重点围绕煤层气、生物质能源、地热、油页岩等多个领域展开工作。通过科学规划、细致落实，中国石油新能源业务逐步呈现快速发展的良好势头。

二十二 科技进步　发展迅速

改革开放40年来，随着国力增强，我国的石油石化行业科学技术也有了长足的进步，相关的装备制造业发展迅猛，为国家的经济社会建设提供了重要保障。

目前，国家能源发展开始由常规勘探领域逐步向隐、深、低、非、海等领域转变，常规勘探技术难以满足勘探开发需要，拥有自主知识产权的特色技术尤为重要。只有紧跟油田勘探开发技术需求，充分发挥特色技术优势，提出一对一解决方案，才能为国家能源安全、为油田公司增储上产、为企业提质增效提供强有力的技术支撑。

东方物探作为中国石油找油找气主力军，始终坚持创新驱动战略，把打造特色技术作为企业做强做大的首要任务，着力打造物探“中国芯”，注重在核心软件、核心装备、关键技术方面对标国际一流，形成了集采集、处理解释、油藏地球物理、非地震勘探、软件研发、装备制造、信息技术服务的一体化业务格局，具有全产业链和全技术链优势。其中，特色技术成为助力企业提质增效的关键利器。

东方物探在高质量发展过程中，坚持技术引领，着力自主研发特色技术，通过特色技术突破技术难题，低频可控震源、两宽一高、高效混采等勘探新方法、新技术、新设备不断应用到国内外重大勘探项目，成为拉动市场的原动力。

近年来，东方物探打造形成了以“两宽一高”为代表的物探核心集成配套技术系列，引领了物探行业高精度勘探的发展，累计带来 200 多亿元价值工作量。通过建立全球第一支数字化地震队（DSS），提升作业现场机械化、信息化、自动化水平，降低作业成本，项目施工效率平均提高 10%以上。这些特色技术在找油找气、助力提质增效中发挥了突出作用。

东方物探形成了集采集、处理解释、油藏地球物理、非地震勘探、软件研发、装备制造、信息技术服务的一体化业务格局，具有全产业链和全技术链优势。Geo East、KL Seis Ⅱ两大物探核心软件比翼双飞，大幅促进国际项目提速提效。

东方物探注重高端软件研发人才的引进与培养，充分发挥国家“千人计划”专家的技术领军作用，不断研发新技术、打造新利器、储备新技术。

由东方物探总经理高级技术顾问领衔的高技术科研团队，按照公司总体科技创新部署，紧密围绕油气勘探开发技术难题，带领科研技术团队接连取得物探前沿技术的新进展、新突破。戴南浔博士团队研发的“Geo East-Linghtning (闪电)”投入市场后，有力推动了国际业务资料处理市场的拓展；李向阳博士主持研发的基于各向异性勘探技术的地震综合裂缝预测软件和多波地震资料处理软件，一举打破西方技术垄断，成为老油田剩余油气开发的利器；梁兼栋博士领衔科研团队研发的 Geo East-Diva 速度建模软件，成功入选“2017 年中国石油十大科技进展”；孙赞东博士带领技术团队研发的“地震全息”弹性一体化技术，精准识别出地下储层和流体的重要信息，大幅提升了钻井成功率。

截至目前，东方物探持续研发新技术、新装备，形成以低频震源 LFV3、G3i、Hawk 等为代表的 12 大系列装备利器，打破国际竞争对手封锁，实现了核心装备自主化和国产化，技术服务保障能力大幅提升。核心软件保持行业领先，超大型地震资料处理解释一体化软件 Geo East 升级到 3.2 版本，成为中国石油的主流物探软件；KL Seis V2.0 新一代地震采集工程软件，在国内、海外项目应用率分别达到 100%和 96%，助推 120 多个国内外地震采集项目高效运作。“两宽一高”技术持续完善，被评为中国石油石化科技创新十大进展，为破解勘探难题、拉动市场开发发挥了重要作用。

地震采集技术进步使得一批长期为地质家看好而久攻不克的勘探领域和地区陆续取得重大突破。经过多年的持续攻关，在库车地区形成了宽线＋大组合山地地震采集、叠前深度偏移处理、高陡构造建模及解释等关键技术系列，落实了一批大型构造圈闭，相继在克深、大北、博孜等地区发现了多个深层气藏，克拉苏构造带深层万亿立方米大气区初见端倪。经过“六上五下”持续采集攻关，柴达木盆地英雄岭构造带得到了高品质地震资料，发现了英东、英西亿吨级油田，实现了英雄岭地区油气勘探的重大突破。在川西北、塔西南以及准南缘等前陆冲断带，地震采集攻关对油气勘探发现也起到了重要推动作用。

深井复杂井钻井技术的快速进步，拓展了油气勘探开发的纵深和空间。随着油气勘探开发对象的不断复杂化和井深不断增加，对以深层、超深层为代表的复杂井钻完井技术提出了新挑战。近年来成功研发了7000～9000m钻机、新型测录井仪器，同时形成了以优化井身结构、强化钻头优选和个性化设计、改进钻井液体系和强化钻井水力参数等为主的复杂深井钻完井、调整井钻完井、深井超深井固井等配套技术系列，实现了深井复杂井安全快速钻进，塔里木盆地库车坳陷克深地区、塔中—塔北地区、四川盆地高石梯—磨溪地区、川西北地区等深井机械钻速大幅提高，钻井周期较过去缩短 100—150 天，为这些地区深层油气藏勘探开发提供了技术保障。

钻完井技术进步和钻井方式创新，为提高低品位资源的经济性提供了重要手段。面对低品位资源和非常规油气资源，近年来大力发展水平井、丛式井、大位移井以及工厂化钻完井技术，加强旋转导向钻井系统、高效钻头与高性能钻井液等优快钻井技术攻关，大力推进钻完井流水线工厂化作业，大幅度提高了机械钻速、缩短了钻井周期、提高了作业效率，综合成本显著下降，有效推动了鄂尔多斯、松辽、准噶尔、四川等盆地低品位和非常规油气资源的有效勘探开发。

以水平井＋体积压裂为代表的储层改造技术的创新与发展，有效提高了低品位资源的经济性，开辟了非常规油气资源勘探开发的新天地。中国石油通过持续开展水平井＋体积压裂技术攻关，形成了水力喷砂、速钻桥塞、封隔器滑套、裸眼封隔器等水平井分段压裂技术以及配套工具，同时形成了致密油气储层地震甜点区预测技术，以及以测井为重点的非常规资源评价技术。近年来在鄂尔多斯、松辽、准噶尔、四川等盆地实施水平井改造井数从 2010 年的 257 口增加至目前年超 1000 口，最大水平井段长 3056 米，单井最多分压达到 26 段，已经成为低品位资源以及致密油气、页岩气等非常规资源提产提效技术利器，同时拓展了未来油气勘探开发空间。随着认识深入、技术完善和成本降低，该类资源将不断得到有效开发利用。

科技创新驱动在油气勘探方面不断取得新突破。2018年12月15日，中国石油新疆油田传来消息，在准噶尔盆地沙湾凹陷风险勘探获重大发现。新疆油田表示，沙探1井重大突破有望形成又一个勘探大场面。这意味着，在玛湖10亿吨级油田发现后，新疆油田有望再获得一个新的大油田。2019年1月6日，中国石油新疆油田公司在准噶尔盆地南缘下组合勘探获得重大突破，位于新疆乌苏市境内的风险探井——高探1井喜获高产油气流，日产原油1213立方米、天然气32.17万立方米，系新疆油田勘探开发60余年来单井日产量之最。

2019年1月8日，2018年度国家科学技术奖在京揭晓，其中玛湖10亿吨级特大油田勘探成果得到了肯定，获得国家科学进步奖一等奖。

此外，新时期石油工业科学技术方面突飞猛进的还有：大功率超声波钻井处理无机垢堵塞技术、冲气钻井技术、液压起升防喷装置的研制及应用、大庆油田三元复合驱螺杆泵综合防垢技术、管道施工及智能管理方面都有很大创新。

为实现“建设世界一流能源公司、建设世界一流能源化工公司”的发展目标，我国石油、石化行业围绕加快结构调整，促进产业升级，转变发展方式，走差异化道路的主体目标，在装置大型化、重油加工、油品质量升级、节能减排与绿色低碳、增加高端及高附加值产品、提高差异化生产能力、发展现代煤化工等方面技术创新与开发取得了新进展。

中国自主设计制造的981、“蓝鲸1号”、“蓝鲸2号”等大型海上勘探设备，巨型LNG运输船等大型装备早已投入使用，为我国石油石化行业综合实力的提升作出了巨大贡献！

二十三 不忘初心 砥砺前行

在我们民族的发展史上，有多少人为了国家的存亡、民族的兴旺而英勇献身，用鲜血和生命写下了一页页不朽的篇章；又有多少人在和平年代里无声却坚定地付出自己十年数十年的精力与热情，为老人祥和的容颜、为孩子明朗的笑脸、为我们富足的生活、为每一个安宁幸福的清晨和黄昏添一份希望和保证。那些为了国家和民族的事业在战场上勇往直前，虽九死而不悔的人们在奉献；那些默默无闻地在自己的工作岗位上几十年如一日鞠躬尽瘁死而后已的人们在奉献。我们甚至不知道他们的模样，遗忘了他们的名字，但是正是有了他们，才有了世界和平与社会稳定，才有了国民经济的繁荣与发展，才有了人民的安宁与富足，才有了各行各业各条战线上的蓬勃兴旺。从张思德到向秀丽，从焦裕禄到孔繁森，从雷锋到时传祥，几十年来，奉献精神一直都是通过这些平凡人们的温和笑脸给我们以持久的感动和启迪。

我国的石油事业，也是在无数石油人的无私奉献中成长和发展起来的，没有那些真诚的奉献，就没有石油行业的今天。在中华人民共和国成立之初，石油工人临危受命，肩负起了祖国的重托。他们从秀丽富饶的东部、从广阔丰盈的中部，从祖国的四面八方奔向西部、边疆、荒漠，奔向所有可能有石油的地方去，用自己的双手在荒原上竖起一座座井架，在大漠里经营出一片片绿洲。在那样艰苦的条件下，没有先进的设备，没有充足的资金，没有完善的保障，没有十足的把握，谁也不知道那些贫瘠的沙土下有没有黝黑的石油，谁也不知道这样的辛苦有没有收获的可能。但是也就是在那样艰苦的条件下，没有人计较奉献有没有相等的回报，没有人比较这样的生活优越与否，大家都只有一个信念：祖国需要石油，那么我们的事业就是崇高的和有价值的；祖国需要我们到哪里去，哪里就是我们青春闪光的地方，哪里就是我们战斗的前线。从高山到平原，从荒漠到海疆，到处都战斗着我们的石油人，他们不是英雄，却和英雄一样勇敢无畏，他们不是军人，却和军人一样奉献着自己的青春和生命。那些在输送管道里汩汩流淌着的原油，其间包含着多少石油工人的汗水和心血，谱写着多少无名英雄的赞歌。独特的石油精神和石油文化也在原油流淌的过程中被提炼和升华，它继承了革命战争年代的井冈山精神、长征精神和延安精神，在新的历史时期中传承着我们民族一贯的乐观和坚韧，融汇着艰苦奋斗和无私奉献，凝聚着中华民族自强不息的刚健精神和勤劳勇敢的品格，是社会主义建设时期民族精神的表率和典范。

不忘初心，砥砺前行。当中国石油企业以奋进的姿态活跃在世界舞台时，当我们要在时代挑战中开拓无限希望时，我们尤其需要在历史中寻找前行的力量。

溯源中国石油工业发展历程，正是在“苦干实干”“三老四严”精神的鼓舞下，一代又一代石油人战胜物资的匮乏、环境的险恶、差距的鸿沟，迸发出强大的创造力，书写出世界石油工业史上的“中国奇迹”。

从一穷二白的家底到如今三大国有石油公司均跻身世界石油公司50强前列；从昔日外国地质权威眼中的贫油国到世界第五大产油国……短短几十年，中华人民共和国石油工业挺起精神的脊梁，站上了世界的舞台。

改革开放以来，高擎精神的火炬，石油人挥师塔里木、重上吐鲁番、再战陕甘宁，进军大海、走出国门，创造了建设海外大庆、西部大庆等奇迹，开发了一个又一个油田，建设了一座又一座炼厂，也树起一座又一座精神的“大庆”。

伟大的时代产生伟大的精神，伟大的精神推动伟大的事业。产生于艰苦创业年代的“石油精神”，在不同的时代背景下传承、升华，始终焕发着旺盛的生命力，一直是推动石油事业发展的强大力量。

在异常艰苦的创业阶段，“铁人”王进喜喊出“宁肯少活 20 年，拼命也要拿下大油田”的誓言。他纵身跳入泥浆池，用身体搅拌泥浆，是那个时代的石油人用意志和信仰战胜困难的壮歌。

油田开发建设时期，面临高含水的挑战，“新时期铁人”王启民纵身一跃，跳向充满挑战的“科技泥浆池”，和新时期石油人一道用智慧和勇气开辟了石油工业的新天地。

“老队长，您把井打到海外的心愿实现了！”1205 队在苏丹成功开钻后，“大庆新铁人”李新民和队友遥望祖国，流下热泪。他们奋身一跃，一一攻克语言、技术、管理、文化等难关，搏击国际化大潮。

从一名“90 后”技校生成长为世界级技能专家的裴先锋，立志要成为一名石油名匠；从一句汉语都不会讲到创立“红柳石油网”，服务五湖四海石油人，肉孜麦麦提·巴克跨过的是文化和互联网大潮……

在一代代铁人式的梯队中，中国石油工业走向辉煌；建设好一支铁人式的党员干部队伍，我们的事业就一定能从胜利走向胜利。

石油精神是历史的，也是现实的；是石油战线的，也是中华民族的。

今天的石油人不用再住“干打垒”，不用再跳泥浆池，但石油工业当前面临的困难和挑战不亚于艰苦创业时期；今天的中华民族对工业血液、能源安全的需求和呼唤一如既往。

我们需要在全球经济新形势下闯关出彩，在复杂的地缘政治中坚守使命，在中国经济新常态下改革攻坚，在低油价冲击下锻造竞争能力，在多元价值交汇中凝聚共识。时代呼唤石油人高擎精神的火炬，历史呼唤再一次的辉煌。

新时代的胜利号角已经吹响，莽莽昆仑万道霞光，从玉门走来的中国石油大军，必将有着新作为和新担当！

参 考 文 献

[1] 余秋里：《余秋里回忆录》，解放军出版社 1996 年版。

[2] 温厚文等编：《康世恩传》，当代中国出版社 1998 年版。

[3]《百年石油》编写组：《百年石油》，当代中国出版社 2002 年版。

[4] 焦力人主编，李天相、申力生副主编：《当代中国的石油工业》，中国社会科学出版社 1988 年版。

[5] 蒋宝德、路小路主编：《血脉脊梁》，党建读物出版社 2005 年版。

[6] 于雯泉编著：《天然气水合物》，中国石化出版社 2017 年版。

[7] 李营编著：《可燃冰》，中国财政经济出版社 2012 年版。

[8] 李书森等著：《我为祖国献石油》，石油工业出版社

2015 年版。

［9］《石油老照片》编委会：《石油老照片》，石油工业出版社 2013 年版。

后　记

筚路蓝缕，以启山林；栉风沐雨，砥砺前行。

还原历史，见证历史，缅怀历史；历史如镜，路途漫漫，继往开来。

回首80年，从找油之初的艰辛、兴油之路的探索，到强油之势的开拓，我国石油工业走过了极不平凡的风雨历程。石油人用自己的青春和汗水，创造了石油工业发展的奇迹；用知识和智慧，筑起了石油工业发展的辉煌；用豪情和壮志，书写了石油工业的壮丽篇章。

《百万覆地翻天人》记叙了石油人从祁连山下启程，踏遍祖国大好山河，走遍世界异国他乡那追求梦想的艰难足迹。作为作者，尽管我们亲历了一段石油工业的发展历程，感受了石油精神的伟大力量，但要全面展现石油人的精神风貌、辉煌成就和为祖国石油事业作出的巨大贡献还力不从心。所幸的是，本书在编写过程中，始终得到石油系统老领导、老专家赵宗鼐、王炳诚、徐文野、蒋其恺、徐世仁、路小路等同志的悉心指导和热心帮助。同时，还得到了江廷科、米庆来、汤凯、李政国、王福祥、张慧忠、汪锋等同志的大力支持。由于年代久远，资料不全，加上时间仓促，水平所限，书中内容缺漏、表述错误在所难免，请各位同行、读者多提宝贵意见。在此一并表示衷心感谢！

作者

2019 年 5 月 5 日